ibni sina

hiç kimse görmek istemeyen biri kadar kör olamaz

Çağları aşan bir deha

DESTEK yayınları

DESTEK MEDYA GRUBU

DESTEK YAYINLARI: 1299
FELSEFE VE BİLİM: 35

İBNİ SİNA / HİÇ KİMSE GÖRMEK İSTEMEYEN BİRİ KADAR KÖR OLAMAZ
Yayıma Hazırlayan: Hikmet Anıl Öztekin
Bilim İnsanları Serisi-1: Çağları Aşan Bir Deha: İbni Sina

İmtiyaz Sahibi: Yelda Cumalıoğlu
Genel Yayın Yönetmeni: Ertürk Akşun
Felsefe Serisi Yayın Koordinatörü: Özlem Küskü
Editör: Devrim Yalkut
Kapak Tasarım: İlknur Muştu
Sayfa Düzeni: Cansu Poroy
Sosyal Medya-Grafik: Tuğçe Budak - Mesud Topal

Destek Yayınları: Haziran 2020 (10.000 Adet)
11.-13. Baskı: Ağustos 2020
14.-15. Baskı: Eylül 2020
16.-17. Baskı: Ekim 2020
18.-19. Baskı: Ocak 2021
20.-21. Baskı: Nisan 2021
22.-23. Baskı: Eylül 2021
24.-25. Baskı: Kasım 2021
26.-27. Baskı: Aralık 2021
Yayıncı Sertifika No. 13226

ISBN 978-605-311-888-6

Abdi İpekçi Caddesi No. 31/5 Nişantaşı/İstanbul
Tel. (0) 212 252 22 42 – Faks: (0) 212 252 22 43
www.destekdukkan.com – info@destekyayinlari.com
facebook.com/DestekYayinevi
twitter.com/destekyayinlari
instagram.com/destekyayinlari

Destek Dukkan

Deniz Ofset – Çetin Koçak
Sertifika No. 48625
Maltepe Mahallesi
Hastane Yolu Sokak No. 1/6
Zeytinburnu / İstanbul
Tel. (0) 212 613 30 06

DESTEK yayınları KARAKARGA BEYAZ BAYKUŞ genç DESTEK

ibni sina

hiç kimse görmek istemeyen biri kadar kör olamaz

Çağları aşan bir deha

Yayıma Hazırlayan: Hikmet Anıl Öztekin

DESTEK yayınları

Önsöz

İbni Sina...

Dünyanın gelmiş geçmiş en şöhretli hekimi...

Aynı zamanda bir matematikçi, fizikçi, biyolog, müzikolog, psikiyatr ve astronom...

Hem İslam dünyası hem de tüm dünya için çok önemli bir felsefeci...

Sadece kendisi ve gündelik ihtiyaçlar için değil, tüm insanlık için "düşünen", varoluşa ve yok oluşa kafa yoran insanlardan...

Dünyanın karanlık dönemleri geride bırakmaya çalıştığı ancak başarılı olamadığı, siyasi çekişmeler yanında, bilinen dünya için kültürel çekişmelerin, inanç mücadelelerinin ve mezhepler arası bilek güreşlerinin yaşandığı bir dönemde, bir deha olarak ortaya çıktı o ve kendisinden sonraki yüzyılı aydınlatıp gitti. Onun yaktığı meşale bin yıldır yanarken, kendisi gibi birkaç aydın isimle, İslam Felsefesi'nin "Altın Çağ"ına damga vurdu.

Bıraktığı yüzlerce eser yanında halen geçerli olan görüşleri, dile ve düşünceye olan hâkimiyeti yanında pozitif bilimlere katkıları, insan bedenine ilişkin olduğu kadar ruhuna yönelik yaptığı teşhis ve tedaviler ve kuşkusuz insanlığın ortak bilincine yaptığı düşünsel katkılar, onu daha yüzlerce yıl bir meşale olarak tutmaya devam edecek.

Dileyelim ki –eğer varsa– onu tanımayanlar için bir tanışma, unutanlar için bir hatırlama, zaten tanıyanlar için de daha derin tanımak için bir vesile olsun.

Hikmet Anıl Öztekin

"Aletlerin
en faydalısı kalemdir.
Bir şişe mürekkep
bir külçe altından
hayırlıdır."

Çağları aşan bir deha

"Benim fazilet sahibi bir hekim olmamı çekemiyorlar. Kendilerinin cahilliği karşısında benim faziletlerimi görmek onlara ağır geliyor. Onlar kendi akıllarınca beni çekiştirmekte, didiklemekte olduklarını ve bana bir fenalık yaptıklarını zannediyorlar. Bence onların beni çekiştirmeleri dağkeçilerinin dağa tos vurmalarına benzer. Bir kimse kendisinin ne olduğunu bildikten sonra kendisini bilmeyenlerin onun hakkında söylemekte oldukları sözlerin, onun nazarında hiçbir ehemmiyet ve tesiri yoktur."

Hem kendinin yeterince farkında olan hem de cehaletle uğraşmaktan artık canı sıkıldığı anlaşılan, bu satırların sahibi İbni Sina kimdi?

Tarihin bu en büyük hekimi, nasıl bir insandı ve neler yaptı ki insanlar haset edip onu bu sözleri edecek duruma düşürdüler?

Acaba "yıldız savaşları" o dönemde de mi vardı? Bugün olduğu gibi sanatta, kültürde, siyasette, akademide ünlü isimlerin birbirini çekememesi, birbirinin arkasından atıp tutması, o dönemin de mi bir alışkanlığıydı?

Bunu anlamak önce İbni Sina'nın yaşamöyküsüne ve neler yaptığına bakmak gerekiyor.

Tam adı "Ebu Ali El Hüseyin İbni Abdullah İbni El Hasan İbni Ali İbni Sina" olan ancak İslam dünyasında ve Doğu'da "İbni Sina", Batı'da ise "Avicenna" olarak anılan büyük bilim insanı, MS 980 yılında, Buhara şehrinin Eşfene köyünde dünyaya geldi. Hıristiyan Avrupa'da çevirmenler genellikle Musevi olduğu ve onlar da "ibni (oğlu)" kelimesini "aven" olarak telaffuz ettikleri için "Aven Sena" olarak tercüme ettikleri isim, Latin kökenli dillere "Avicenna" olarak dönüştü.

İbni Sina'nın doğduğu dönem, İslam medeniyetinin "Altın Çağ"ı olarak bilinen dönemiydi. Bağdat tüm dünyada bilimin ve kültürün merkeziyken, Arapça tüm dünyada bilim dili olarak kabul görüyor, âlimler, düşünürler hatta edebiyatçılar, eserlerini çoğunlukla Arapça yazıyorlardı.

İbni Sina'nın babası Abdullah, hükümdar Nuh Bin Mansur döneminde başkent Buhara'ya yerleşti. Devlet görevlisiydi. Bu sayede İbni Sina âlimlerin, düşünürlerin, saygın ve kültürlü insanların sürekli misafir edilip ağırlandığı, ilim meclislerinin kurulduğu bir evde büyüdü.

Tıp dünyasında ve sanat çevrelerinde çok iyi bilinen bir tablo vardır: *Habit de Medicin.* 18. yüzyılda yapılan ve orijinali Birleşik Devletler Milli Tıp Müzesi'nde (U.S. National Library of Medicine) bulunan bu çizimde tıp bilimi bir insan gibi tasvir edilir. Bu insanın başı İbni Sina, sağ kolu Galenos, sol kolu Hipokrat'tır.

Başka birçok tablo, gravür ve heykelde de hekimlerin hekimi, ustası olarak çizilir veya yontulur.

İbni Sina'yı Türkler Türk, İranlılar Fars, Araplar ise Arap kabul eder. Etnik kökenine ait tartışmalar bitmese de hayatı ve eserlerine ilişkin, tarihteki birçok önemli düşünür ve bilim insanına oranla daha fazla bilgi edinilmesini sağlayan şey, öğrencisi olan Ubeyd El Cüzcani'nin onun hayatını ağzından dinleyerek yazmasıdır.

Üstün zekâlı çocuk

İbni Sina, içinde bulunduğu bu kültürlü ortamda önce din eğitimi aldı. On yaşında Kuran'ı tamamen ezberledi. Arapçayı anadili gibi öğrendi. Sonra fıkıh, akait, edebiyat eğitimine devam etti. Eğitim aldığı dönemde üstün zekâsı fark edildi ve hocaları "ilimden başka işle meşgul edilmemesini" önerdi. İbni Sina bu dönem için şöyle der:

"Felsefi ilkeleri bilmeyi arzulayanlar, benden matematiği ispatlamak için zorunlu olan geometri ve aritmetikle, Tanrısal bilimlere dek olan diğer bilimleri takdim etmek suretiyle, önce mantıksal ilkeleri, daha sonra da fiziksel ilkeleri vererek başlamamı istediler."

El Messah'tan Hint aritmetiği, Ez Zahid'den fıkıh, El Berki'den dil ve edebiyat dersleri aldı. Eğitiminde çok önemli bir isim olan En Natili'den aldığı derslerle, Eukleides'in *Elementler*, Porphyrios'un mantık kitabı *Eisagoge* (İsaguci) ve Batlamyus'un *Almagest* (El Macisti-Büyük Bileşim) kitaplarını okudu.

Natili'nin Gürgenç'e gitmek üzere Buhara'dan ayrılmasından sonra İbni Sina, fizik, matematik ve felsefeyle ilgili metinler ve şerhlerini okumaya, incelemeye devam etti. Felsefede iyi bir donanıma sahip olduktan sonra tıp öğrenmeye başladı. El Mesihi ve El Kumri gibi hocalardan tıp dersleri aldı. Razi'nin *El Havi* isimli çok geniş tıp eserini de okumuştu.

Daha 16 altı yaşında tanınmış bir hekim oldu, çağdaşı birçok hekim onu bir tıp otoritesi saymaya başladı. Çok fazla çalışıyor, çok fazla araştırıyor, öğreniyordu.

O dönemde, bugünkü gibi sosyal medyanın, insanı oyalayacak, eğlendirecek şeylerin az olduğunu kabul etsek, sözgelimi alışveriş çılgınlığı gibi durumların olmadığını düşünsek bile, yine de bu kadar zamanda bu kadar ilerleme normal değildir. Kim bilir, belki de şu sözleriyle, bu konuya ilişkin bir sır veriyordu:

"Kişinin aklı bol olursa, zamandaki kıtlıktan ona bir ziyan olmaz. Kıtlığa rağmen, o aklının bolluğu sayesinde hoş yaşayabilir."

Haksız da sayılmamalı. Eğer insanın aklı iyi çalışıyorsa, zamanı daha iyi değerlendirebileceğini kabul etmek gerekir. Bugün birçok insanın aslında pratik düşünmediği, plan program yapamadığı ve aslında çok da ihtiyacı olmayacak şeylerle kendini meşgul ederek zamanı yitirdiği doğru değil mi?

O yüzyıllarda bilim alanındaki disiplinler henüz ayrılmadığı için âlimler birden fazla alanda çalışıyor ve kendilerini geliştiriyorlardı. İbni Sina da tıpla birlikte matematik, geometri, astronomi, felsefe gibi konularda kendini geliştirmeye devam etti. Dini ilimlerde de ilerledi, tanınmış fakihlerle dini meseleleri tartışabilir hale geldi.

"Tıp, insan vücudunun
hangi araçlarla
iyileştiğini ve
hangi müteharrikin
insan vücudunu
sağlıktan uzaklaştırdığını
araştırır."

Sevgisiz bakan, kötü görür

Aristo'nun *Metafizik* isimli eserini defalarca okuyan ancak bir türlü anlayamayan İbni Sina, muhtemelen kötü bir çeviri kurbanı olmuştu. Bir gün yolu sahafların olduğu çarşıya düştü. İbni Sina'nın önüne çıkan bir tellal, başkası adına bir kitabı sattığını belirterek, "Üç dirheme bu kitabı satıyorum. Ucuzdur. Sen al..." dedi.

Ucuz olduğu için değerli bir eser olabileceğine ihtimal vermeyen İbni Sina, kitabın sahibinin paraya ihtiyacı olduğunu duyunca almaya karar verdi. Aldığı eser, Farabi'nin *Metafizik'in Amaçları Hakkında Makale* isimli kitabıydı.

Farabi'nin kitabını hemen okuyup bitiren İbni Sina, sonunda Aristo'nun *Metafizik*'ini çözmeyi başardı. Sevincinden fakirlere sadaka dağıttı.

997 yılında, henüz 18 yaşındayken Samani Hükümdarı Nuh Bin Mansur'un ağır bir hastalığa yakalanması üzerine tedavi için saraya davet edildi.

Henüz çok gençti. Başına hekimlerin bağladığı yeşil sarıklardan bağlıyordu ve Nuh Bin Mansur'a hiç de güven vermiyordu görüntüsüyle. Hatta sarayın şifahanesindeki hekimbaşı onu "tecrübeli" diye tanıtınca, hükümdar küçümseyici bir tavırla, "Tecrübeli mi dedin?" diye sordu.

İbni Sina bu tavrı bekliyordu. Aldırmadı. Sultan'a, mustarip olduğu kulunç hastalığına ilişkin şikâyetlerini sordu, çeşitli otlardan ilaç hazırladı.

İlk günler çok heyecanlıydı. Daha genç bir hekimdi. Hem de saraya davet edilmeye layık görülen en genç hekim olmuştu ama tedavi başarılı olmazsa, hükümdarla arasının bozulması kaçınılmaz olacak, belki de ağır cezalar alacaktı. İlk beş gün boyunca da hükümdarda bir iyileşme olmadı. Diğer hekimler söylenmeye, tedaviyi kesmeye kalktılar ancak direndi. Beşinci gün hükümdarın ağrıları geçip de kendini iyi hissedince, haklı olduğu ortaya çıktı. Nuh Bin Mansur, onu saray hekimleri arasına alırken, bir de oda tahsis etmişti.

Genç İbni Sina'nın sevinci sınırsızdı o anda. Babasının güzel atlarından birini istedi. Ne yapacağını anlamadılar ama atladığı gibi geniş otlaklara doğru dörtnala sürdü. Bir saat dörtnala at koşturarak, içinde volkan gibi kabaran sevinci, coşkuyu böyle dışarı vurdu. Pek çok ilim dalında yetkindi ama artık hayatı boyunca meslek olarak yapmak istediği şeyi bulmuştu. Bunu dağa taşa haykırıyor, delice at koşturuyordu.

Saray hekimleriyle birlikte sultanın tedavisini yaptı. Saray hekimliğine getirildiği için Samanilerin resmi kütüphanesinden dilediğince yararlanma imkânına kavuştu. Muhtemeldir ki öğrenmeye ve keşfetmeye doymayan bir deha için, böyle eşsiz bir kütüphane, kazanılabilecek en büyük ödüldü.

Kütüphanenin sessiz ortamında saatlerce eşsiz kaynakları okuyabiliyor, rahatsız eden olmadan durmaksızın ilmini geliştirebiliyordu. Özellikle Razi'nin eşsiz tıp kitaplarını burada bulup okumak en büyük şansı oldu. İbni Sina çok genç yaşta şöhrete kavuşmuştu. Sultan, sağlığı konusunda ona güveniyor, gücü günden güne artıyordu. Bu da kıskançlıkları çekiyordu.

Bu muhteşem kütüphane bir süre sonra çıkan yangında küle döndü. Kütüphanenin yanmasından İbni Sina'yı sorumlu tutanlar hatta "başkası faydalanmasın diye kundakladığını" iddia edenler oldu. Ortaçağ âlim ve filozoflarının "Eş Şeyh Ür Reis (Şeyhlerin Reisi/Üstatların Üstadı)" unvanını verdiği birinin tabii ki bunu yapması mümkün değildi. Bu durumu en iyi yine kendisi açıklıyor:

"Bana yan yan bakıyorlar çünkü ben yüceliğin uğrunda çalışarak gecelerimi sabah ettim. Onlar ise sabahlara kadar uyudular. Sevmeyerek baktıklarından beni

fena görüyorlar. Severek baksalardı bende fena görmekte oldukları şeylerin, iyi olduklarını görürlerdi."

Bu aslında basit bir yorum gibi görünse de içinde derin bir mesaj taşıyan bir ifadedir. Bugünün insanı için de mutluluğa ve iç huzura götürecek yolun anahtarı buradadır. İbni Sina'yı kıskanıyorlardı çünkü "sevmeden" bakıyorlardı. Kendileri dururken onun ilerlemesini, yüksek makamlara gelmesini, iltifat ve itibar görmesini hazmedemiyorlardı.

Ne yazık ki bugün de durum farklı değil...

Düşünsenize, bir başkasının elde ettiği başarı nedeniyle mutsuz olan, uykuları kaçan, dedikodu kazanı kaynatmaya başlayan hatta iftiralar atan insanlar hâlâ yok mu?

Elbette var... O dönemde de vardı ve bu "kendi iç barışını, huzurunu sağlayamamış" insanlar, İbni Sina'ya kötü bakıp, kötü görüyorlardı.

Sevmeyerek baktığı bir şeyde güzellikler görmesi zordur insanın. Sevgiyle baktığında ise en sıradan şeylerdeki gizlenmiş güzellikleri görebilir. İnsan başkasını kıskanarak, kötülüğünü isteyerek bir yere varamaz. Yalnızca kendini mutsuz edebilir. Eğer bir konuda başarı isteniyorsa, örnek almak ve çalışmak doğru seçimdir.

Bundan daha ötesi, kime olursa olsun, sadece var olduğu için bile "sevgiyle" bakmak önemlidir. Yoksa,

İbni Sina'nın da dediği gibi "sevmeyerek bakan, fena görür" ve bu baktığı kişiyi değil, insanın kendisini mutsuzluğa iter. Sürekli sevmeyerek bakan ve baktığı her yerde fenalıklar görenin, mutsuz bir insana dönüşmesine yol açar.

"Eğer ben, insanların gönülleri üzerinde bir tesir ve muhabbet bırakmamış olsaydım, benimle meşgul olmazlar, leh ve aleyhimde bulunmazlardı."

Rüyalarda çözülen problemler

İbni Sina ilmini derinleştiriyor, tabiatı ve insanı inceliyor, evrendeki mükemmelliğe hayran oluyor ve ne kadar çok öğrense, o kadar az bildiğini fark ediyordu. Evrende insanın yeri ve önemi, çoğu cahil insanın sandığından epeyce farklıydı ve bunu anlamak, bunun gereği şekilde yaşamak gerekiyordu.

Öte yandan, bunu tüm insanların anlamasının mümkün olmadığını da biliyor, anlayabileceklere anlatmak için bir yol arıyordu. Bu yolu da yakın zamanda bulacaktı...

Nuh Bin Mansur dönemindeki saray hekimliği bu açıdan önemlidir. Burada El Aruzi isimli bir tanıdığının ricası üzerine, matematik dışındaki bilimleri içeren *El Hikmet Ül Aruziyye* isimli eseri yazdı. Bu, İbni Sina'nın kaleme aldığı ilk eserdir ve sonradan bir kütüphane dolduracak eserlerinin başlangıcıdır.

Büyük düşünür, insanlara, öğrenmek isteyenlere öğretecek yolu bulmuştu. Ömrünün kalan kısmında yüzlerce eser verecek, az sayıdaki öğrencisinden çok daha fazla kişiye bu yolla ulaşabilecekti...

Bilim insanı olmak onu günlük yaşamdan da koparmamıştı. Yaşıtlarının ve daha çok savaşçı olanların yaptığı gibi güreşmek, göğüsle vuruşarak birbirini itmeye çalışmak, kol ve boyunla rakibini yıkmaya çalışmak, kürek çekmek, ata binmek, çevik olmak için koşmak, at yarışlarına katılmak, çimenlerde perende atmak, halat çekmek, ot ve cirit atmak gibi idmanları ihmal etmedi.

Bir gün, onu geç vakitte hâlâ çalışırken bulan saray hekimlerinden biri, dayanamayıp sordu: "Tamam, gençsin anladık da bütün gün hastalara şifa için uğraşıyor, ibadetini aksatmıyor, askerlerle talim ediyorsun. Akşama derslere giriyor biz hepimiz bitap düşerken, sen kendini buraya atıyor ve yeniden okumaya devam ediyorsun. Bu gücü nereden buluyorsun?"

İbni Sina, kendisinden yaşça büyük âlimlerden övgüler duymaya çocukluktan beri alışkındı. Yine de mutlulukla gülümsemesine, omuzlarının dikilmesine engel olamadan cevap verdi: "Bunlar sayesinde..."

Yanındaki sürahi ve şişeleri gösteriyordu, içlerinde onu zinde tutacak bitkisel karışımlar vardı.

"Bunlar nedir?"

"Beni uyanık tutmak ve güç vermek için... Gündüzden hazırlıyorum."

İbni Sina, sonraki iki hükümdar döneminde de saray hekimliğine devam etti. 1005 yılında Samani

Hanedanı sora erdi. 22 yaşında babasını da kaybeden İbni Sina, Buhara'dan ayrıldı ve batıya giderek, Ürgenç'e (Gürgenç) yerleşti.

Ürgenç'te bulunan Harezm vezirlerinden Ebul Hüseyin Es Süheyli tarafından kendisine kucak açıldı ve Emir Ali Bin Memun'a takdim edildi. Emir tarafından maaş bağlanan ve sarayında ağırlanan İbni Sina, burada Biruni ve İbni Irak gibi âlimlerle temas kurdu.

Gazneli Sultan Mahmut, Emir Ali Bin Memun'a bir mektup göndererek, "sarayındaki âlimleri kendi sarayına göndermesini" istedi.

İbni Sina kimi zaman içinden çıkamadığı problemlerin çözümünü rüyasında görür, uyanınca çözümü bulmuş olurdu. Bunun da aynen Razi'de olduğu gibi kendisine Allah'tan bir armağan olduğuna inanıyordu.

Bir gün bir rüya gördü ve orada kendisine korkunç bir yılan saldırdı. Sonra köpekler kovaladı ve dik bir yokuşu tırmanmaya çalıştı. Bu rüyanın ona verdiği mesajı almıştı.

Sultan Mahmut'un felsefeden hoşlanmadığı sır değildi. Özgür bir çalışma ortamı bulamayacağını düşünen İbni Sina, teklifi kabul etmeyerek şehirden ayrıldı.

Gazneli Mahmut'un İbni Sina'yı yakından tanıyan Ebu Nasr Iraki'ye portresini yaptırdığı ve kırk tane çoğaltarak her tarafa dağıttırdığı rivayet edilir. İbni Sina ise Gürgenç'ten ayrıldıktan sonra durmaksızın araştırıp öğrenirken, sürekli yeni eserler kaleme aldı. Bir yandan da önemli bilim ve kültür merkez ve şehirlerini dolaştı. Kimi zaman gerçek kimliğiyle, kimi zaman gizlenerek...

Ürgenç'te aşkla tanışan ancak kavuşamayan İbni Sina, belki de bu nedenle aşk hastalığı konusunda da detaylı bir tedavi metodu geliştirebilmiştir. Burada, kocası ölmüş bir genç kızın ona aşkını ilan ettiği ancak beklediği karşılığı hemen bulamadığı için başkasıyla evlendiği rivayet edilir. İbni Sina ise aslında gönlünü kaptırdığı güzelin arkasından epey sessiz bir dönem geçirmiştir. Çoğunlukla ağabeyi Ebu Haris'in çocukları sayesinde neşe bulan İbni Sina, aylar sonra kendisini toparlamıştır.

Cürcan (Gürgan) ile Harizm arasındaki Dihistan'a geçen İbni Sina, 1012 yılında şiddetli bir hastalığa yakalandı. Cürcan'a döndü ve hayatını kaleme alan öğrencisi Ebu Ubeyd El Cüzcani ile de burada tanıştı. Yedi yıl boyunca gezinmiş, sonunda Cürcan'da kalmaya karar vermişti. Öğrencisi Ebu Muhammed Eş Şirazi tarafından kendisine imkânlar sağlandı ve eserlerini rahat bir ortamda yazarken dersler verdi. Yaklaşık 1 milyon kelime içerdiği belirtilen *El Kanun Fit Tıp* burada yazılmaya başlandı.

"Sanat, tabiattan daha zayıftır."

Eza ve cefaya katlanmak

İnsan iyi biri olmak istiyorsa, bunun için en iyi yol, başka insanlara yardım etmektir. İnsan evrende yalnız değildir ve başta diğer insanlar olmak üzere, bu dünyayı diğer canlı ve cansız varlıklarla paylaşmaktadır. Demek ki bu dünya ne kadar çok iyilik yapılırsa, o kadar güzel bir yer olacaktır. Bu nedenle de "iyiliklerin en faydalısı sadaka (başkasına yardım)" olmalıdır.

İki yıllık bir dönemden sonra yine yollara düşmek zorunda kalan İbni Sina da vaktinin çoğunu iyilikle geçirdi. Hem öğrendi hem de öğrendiklerini başkalarına yardım etmek için kullandı...

Rey'e giderek Büveyhi Devleti'nin valisi Mecd Üd Devle'nin melankoli rahatsızlığını tedavi etti. Sonra Kazvin, oradan da Hamedan şehrine geçti.

Hamedan'da kulunç hastalığına yakalanan Sultan Şems Üd Devle'yi tedavi etti. Böylece hükümdarın dostluğunu kazandı.

Şems Üd Devle'nin Karmisin'e düzenlediği sefere katıldı. Savaş yenilgiyle sonuçlandı ama sonrasında vezirlik makamına getirildi. Ordu içinde huzursuzluk vardı ve isyan çıkmıştı. Suçlananlar arasında İbni Sina da vardı.

Evini kuşatan isyancılar, onu hapse atıp mallarına el koydular. Bazı eserleri bu esnada harap edildi ya da kayboldu. İsyancılar, Şems Üd Devle'den, İbni Sina'yı idam etmesini istiyordu. Şems Üd Devle ise onu görevden almakla yetindi. Bir süre saklanmak zorunda kalan İbni Sina, Şems Üd Devle tekrar hastalanınca yeniden tedavi etti ve yeniden vezirliğe atandı.

Talih onu bir göklere çıkarıp bir yerin dibine sokmaya devam ediyordu. Bir an şöhretli ve el üstünde tutulan bir âlim, hekim ve filozofken bir dönem istenmeyen adam, kıskanılan kişi ya da sorumlu tutulan resmi görevli olabiliyordu. Peki, bir dönem vezirlik yaparken sonra kellesinin istenmesi onu mutsuz etmiş, yürüyeceği yoldan döndürmüş müdür?

Bunun cevabı: Hayır...

İbni Sina, bir eli yağda bir eli balda bir hayat sürmedi. Her rahat dönemin sonrasında bir sıkıntılı dönem yaşadı. Ancak her zaman doğru bildiği yolda ve kendinden emin adımlarla ilerlemeye devam etti çünkü her sıkıntının ardından da bir rahatlama geleceğini biliyordu. Onun düşünce yapısı içinde "sıkıntılar karşısında pes etmek ya da yıkılmak, yolun sonuna geldiğini düşünmek değil, sabrederek çalışmaya devam etmek" vardı. Bu konuda belki de onun hayat görüşünü gayet güzel ifade eden cümleler şunlardır:

"İyiliklerin en faydalısı sadakadır. En iyi huy, herkesin eza ve cefasına katlanmak, kimseye ses çıkarmamaktır. Yapılan işlerin en kötüsü riyakârlıktır. İnsan canını dedikodu ve tartışma ve ateşli sözlerle mücadeleden ve herhangi bir hale karşı kızgınlık duymaktan çekmedikçe, çekemedikçe kir ve pastan temizlenemez."

Bir insan olgunlaşmak, kâmil insan olmak istiyorsa, bunun için en iyi huy da eza ve cefaya katlanmayı bilmektir. Başına gelen sıkıntılara, diğer insanlar kanalıyla karşılaştığı zorluklara katlanamayan insan için, dünya bir hapishaneye döner. Hayatı işkence gibi görmeye ve mutsuzluğun alt sınırlarını yoklamaya başlar.

Oysa başka insanların sebep olduğu eza ve cefa türünden işlere katlanmayı öğrenmek, hatta bunun için tartışmaya bile girmemek, İbni Sina'ya göre en iyi huydur çünkü "kirden ve pastan temizlenmenin" yolu buradan geçer. Riyakârlık yapan, dedikodu ve tartışmayı seven, diğer insanların sözlerine sert sözlerle karşılık veren ve onlardan gelenlere hiddetlenen, kızgınlıkla ayağa kalkan insanların temizlenemeyeceğini söyler.

Ona göre insan başkalarına yardımcı olmalı, eza ve cefa da görse katlanmayı bilmeli, riyakârlıktan uzak durmalı, sert sözlerle, kızgınlıkla konuşmayı bırakmalıdır. Böyle oldukça canını (kalbini) ve ruhunu temizleyebilecek ve kâmil insan olabilecektir.

Bunu yapamayan insanlara da sitem eder:

"Kısa kelimelerden daha ufak ve daha az şeylerden dolayı bu, şuna haset eder ve bunu, şu kendisine rakip görür. Size yükselmek ve göklerin muhatine çıkmak yaraşır. Daha ne vakte kadar bu merkeze sıkışıp kalacağız?"

Burada "muhatine" ifadesi de dikkat çekici çünkü "etrafı çevrilmiş yer" anlamına gelen bu kelime, göklerde bir yeri işaret ediyor. Yani İbni Sina'nın, insanların yükselmesini ve yaşamasını istediği yer. Elbette bu mecazi bir ifade olsa da insanı layık gördüğü yeri anlatmak bakımından önemlidir.

İbni Sina'nın kendisi de sabretmiş ve öncekinden daha iyi imkânlara kavuşmuştu. Gündüzleri vezirlik yapıyor, geceleri öğrencilere ders veriyordu. Derslerin bitiminde müzik meclisi düzenlediği ve yorgunluğunu bu şekilde attığı söylenir. Müziği bir şifa kaynağı olarak görüyordu ve bir "musiki nazariyesi" de geliştirmişti. *El Kitab Uş Şifa*'da müziğe ilişkin "Cevami-u İlmil Musika" isimli bir bölüm ayıran İbni Sina, müziği, matematik biliminin dört bölümünden biri olarak saydı. Ona göre müzik kullanılarak insan tedavi edilebilirdi ve şöyle diyordu:

"İnsanlar ve hayvanlar ses ile kendi üzüntülerini, acılarını, sevinçlerini yansıtabilirler. Ahenkli bir düzen içerisinde, belirli bir şekilde ayarlanmış olan sesler, insan ruhu üzerinde çok derin tesirler yapar."

Nitekim sonraki yüzyıllarda Selçuklu ve Osmanlı şifahanelerinde müzikle tedavi uygulandı.

Hayatın uzunluğu mu önemli, genişliği mi?

El Cürcani, yirmi bir yaşında bir hekim adayıyken İbni Sina ile tanışmış ve hemen onun öğrencisi olmuştu. Hayatı boyunca da ustasının yanından hiç ayrılmamış, ne zaman başını bir şey söylemek üzere çevirecek olsa, "Buyur ustam!" diyerek orada bitmişti.

İbni Sina'nın hayatı hakkında bu kadar çok şey bilmemizi de ona borçluyuz.

Evli ve çocuklu olan El Cürcani, buna rağmen İbni Sina'nın yanından hiç ayrılmadı. Sık sık ustasını evinde misafir etti. Yeğenlerinden sonra El Cürcani'nin çocuklarını da kendi çocukları gibi sevip sahiplendi. Bir gün, El Cürcani aklındakini ustasına açtı:

"Şeyhim, aklımda bir şey var, size danışmak istiyorum."

İbni Sina karşılık verdi:

"Ben de seninle bir konuyu konuşmak istiyordum. Ama önce sen söyle."

"Şeyhim, hayatınızı sizden dinlemek ve uygun görürseniz yazmak istiyorum..."

"Hayatım, işlerim hakkında çok konuşuluyor. Allah bilir, vefatımızdan sonra da konuşulacak. Yalan yanlış şeyler konuşulacağına, biz yazalım. Benim de seninle konuşacağım konu buydu..."

Bu bir kez de olmamıştı. Zaman zaman aynı zamanda aynı şeyleri düşündükleri oluyordu.

Şems Üd Devle'nin Tarım seferi sırasında ölmesi ve yerine oğlu Sema Üd Devle'nin geçmesinden sonra vezirliği bırakarak kendini ilme vermek istediyse de yeni hükümdar bundan hoşnut olmadı. Bir süre gözden uzak olarak Ebu Galib El Attar isimli kişinin evinde kaldı. Eş Şifa'nın bazı bölümlerini yazdı.

Aleyhindeki kampanya ise bütün hızıyla devam ediyor, onu kötülemek isteyenler, "Kakuyiler hükümdarı ile gizlice mektuplaştığını" iddia ediyorlardı. Kendisini anlatabilmesi zordu. Sonunda Ferdecan Kalesi'ne hapsedildi. 1023 yılındaki bu hapis 4 ay kadar sürdü. Ala Üd Devle'nin Hamedan'a sefer düzenleyip fethetmesinden sonra serbest bırakıldı. Kendini emniyette hissetmediği ve tehditler devam ettiği için, kardeşi, öğrencisi ve iki kölesiyle birlikte, gizlice şehirden kaçtı.

İsfahan'a ulaşarak, Ala Üd Devle'nin himayesini girdi. Vezirliğe getirilen İbni Sina, bazı eserlerini burada tamamladı ve öğrenci yetiştirmeye devam etti. Takvimlerdeki yanlışlıkları düzeltmek için çalışmalar da yaptı.

Bu sırada Sultan Mesud İsfahan'ı zapt edince evi ve kütüphanesi yağmalandı ve yaşadığı üzüntünün de etkisiyle sağlığı bozuldu. Kulunç hastalığına yakalandı. Daha önce bu hastalığa yakalananları tedavi etmişti. Kendisini de hızlı bir şekilde tedavi etmeye çalıştı ama acele ettiği için bağırsaklarında yaralar oluştu. Sağlığına tam kavuşamadan Ala Üd Devle'nin Hamedan seferine katılmak zorunda kaldı.

Yolda tekrar hastalandı. Güçlükle ayakta durmasına rağmen sefere katılmıştı.

Nice hastaları tedavi etmesine rağmen kendisi için yaptığı tedavi başarılı olamadı. Tedaviyi aceleye getirdiği ve yüksek doz ilaç kullandığı iddia edildi.

Hamedan'a ulaştığında ayakta zor duruyordu. Kendini kaderin ellerine bıraktı. "Vücudumu idare eden kuvvetin artık onu yönetmeye gücü yetmiyor. Bana ilaç fayda vermez..." diyerek ölüm yatağında bütün malını yoksullara bağışladı, köleleri azat etti, üç günde bir Kuran okuyarak MS 1037 yılında son nefesini verdi.

Öldüğünde 57 yaşındaydı.

Peki kısa mı yaşamıştı?

Ölmese daha mı iyi olurdu?

Onun, bugünün şartlarında erken sayılabilecek ölümünü "vakitsiz" olarak nitelemek mümkün olabilir mi?

Bu konuda en iyi yorumu yine İbni Sina'nın kendisi yapıyor ve niceliğe değil, niteliğe bakılması gerektiğini söylüyor:

"Hayatın genişliği, uzunluğundan daha önemlidir."

İbni Sina'nın dikkat çektiği konu budur. O, hayatın genişliğinin önemli olduğunu vurgular. Eğer insan kendini kültürel ve estetik yönden zenginleştirebildiyse, düşünsel açıdan bitkisel ve hayvani bilincin üzerine çıkarabildiyse, sözgelimi "varlığı" üzerine bir kez olsun düşünebildiyse ve âlemin tümüne yayılan aşkı hissedip maşuku arayabildiyse, hiç şüphesiz onun kısa görünen yaşamı, yüz yıl yaşayandan daha verimli, daha dolu geçmiştir.

Nitekim her insan zaten ölecektir. "Canlı" tanımının bir gerekliliğidir günün birinde *ölmesi.* Oluş gibi bozuluş da kaçınılmazdır. İbni Sina, bunu, *"Solan gençlik, açık surette ölümün geldiğini haber veriyor. Sevgili ile yaşadığımız yerler ise yeniden yeniye diriliyor..."* sözleriyle anlatmış, insanın gün gelip bedeninden ayrılacağını ancak tabiatta canlılığın devam edeceğini vurgulamıştır. O halde insan bir gün geride bırakacağı bedenin zevkleri için, nasıl yaşayacağına iyi karar vermeli, neleri feda edebileceğini iyi bilmelidir. *"Dünya dediğin budur. Kenetlenmesi kırılmak ve yapılması yakılmak içindir..."* diyerek faniliği hatırlatırken, özellikle zenginlik ve mal peşinde koşanlara da öğüt verir:

"Malın seni aldatmasın. Eğer malını muhafaza edip saklarsan, o başkalarınındır. Ondan sarf ettiğin, senindir."

Eğer mal edinme peşine düşüp biriktirmeye kalkarsa insan, bir gün ölür ve biriktirdikleri başkalarının olur. O zaman da hayatını boşa geçirmiş olursun. İşte bu kadar basit...

Oysa elindeki maldan sarf eden, yani kendisi ve başkaları için kullanan, malı, zenginliği mutluluğa ve iyiliğe dönüştüren ise gerçek anlamda o malın sahibi olur çünkü ona bir faydası olmuştur. Diğer türlü bekçisi olmakla kalır, gözü de o malda kalarak bu dünyadan gider.

Düşünürseniz, biriktirmekten harcamaya, toplamaktan yemeye vakti kalmayan, tam artık rahatça yiyebileceğini düşündüğü anda da ya sağlığından olan ya da ömrü son bulan insanlar aklınıza gelecektir. Oysa insan, bu dünyada en güzel şeyin başkalarına yardım etmek olduğunu bilseydi, muhtemelen hem ömrünü sadece toplamak için kullanmayacak hem de ömrünü genişletebilecek, yani malını değil, yaşadığı hayatı zenginleştirebilecekti. Nitekim İbni Sina, başkasıyla paylaşmak yerine sadece kendisi yemek derdinde olanlar için de *Hayy Bin Yakzan* isimli eserinde şöyle bir tanımlama yapar:

"Nefsine ve şehvetine düşkün, açgözlü obur murdarın biridir. Karıdan ve karından başka bir şey bilmez. Onun gözünü yalnız toprak doyurur. Ondaki açlığı yalnız toprak giderir."

Nihayetinde her insan bu derecede haz düşkünü olmasa bile, birçok insan hayatın anlamına başka şeyler yükleme riskini yaşamaktadır. Belki İbni Sina'nın şu uyarısı üzerine düşünmekte fayda var:

"Zenginliği bulmuş fakat akli idraki kaybetmişlerdir. Acaba bulmuş oldukları şeyle kaybetmiş oldukları şey, kıymetçe bir midir?"

İbni Sina'nın toplam eser sayısı konusunda 450'ye kadar ulaşan rakamlar ifade edilse de bugün ona ait olduğu bilinen aşağı yukarı 240 civarında eser söz konusudur. Eserlerinin yarısından fazlası tıpla ilgili değildir. Buna rağmen, onun felsefe, mantık, kimya, edebiyat, dil, müzik, astronomi, geometri gibi diğer disiplinlerle ilgili yaptığı çalışmalar, tıp çalışmalarından daha fazla olsa da hep hekim kimliğiyle öne çıkarılır. Bunda kuşkusuz felsefede "akılcı" çizgiyi benimsemiş olmasının ciddi bir rolü olsa gerek...

Yürüyen felsefe!

Aristo, derslerini bir yerde oturarak veya sabit bekleyerek değil, yürüyerek anlatırdı öğrencilerine. Bunun sebebi olarak da ruh yanında bedeni de eğitme amacı gütmesiydi. Bu nedenle o ve takip eden felsefecilere "Peripatetizm (Gezimcilik) Ekolü" deniliyor.

Bunun İslami versiyonu ise yine "yürüme" anlamındaki "meşy" kelimesinden türetilen "Meşşailik" ekolüdür. Birçokları tarafından ilk İslam filozofu olarak kabul edilen Kindi, Meşşai ekolündendi. Meşşailik ise temel olarak "yürüme" anlamındaki "meşy" kelimesinden türetilmişti. Basitçe ifade etmek gerekirse, Aristo'nun "peripateizm" olarak adlandırılan ve ruh yanında bedeni de eğitme amacı güttüğü için yürüyerek ders yapılan felsefe geleneğinin İslam dünyasındaki takipçilerine verilen isimdi. Meşşailik de Aristo geleneğine uygun olarak, akılcıydı.

Kindi'nin başı çektiği Meşşai filozofları, İslam dünyasında pek çok isim tarafından temsil edilse de en fazla öne çıkan isimler Farabi, İbni Sina ve İbni Rüşd oldu.

Hekim olarak yazdığı eserler yüzyıllarca ders kitabı olarak okutulan İbni Sina, felsefede ise diğer Meşşai filozofları gibi Tanrı, âlem konularında kafa yordu, yaratma konusu üzerine düşündü, akıl ile naklin (vahiy), felsefe ile dinin uzlaştırılabileceğini savundu. Sadece nakille yetinmeyi savunan ve onun ötesini görmek, bilmek istemeyen geleneğe karşı, akılla da gerçek bilgiye ulaşılabileceğini çünkü "yaratılmış" olduğunu kabul ettikleri bu kâinatta var olan bilginin, insanı yine din ile aynı noktaya götüreceğini savundu.

İbni Sina, 57 yıllık ömrüne bunca eseri ve hayat tecrübesini sığdırarak ve son kuruşuna kadar da ihtiyacı olanlara dağıtarak bu dünyadan göçüp gitti. İnsan hayatının uzunluğunun değil genişliğinin kıymetli olduğunu da kendi hayatıyla örnek gösterdi. Ondan çok daha uzun süre yaşayan insanların çok azı hatırlanıyor. Kimilerinin adı, bir zamanlar var oldukları bile unutuldu ama İbni Sina halen hatırlanıyor.

"Düşünmeden
öğrenmek
faydasız,
öğrenmeden
düşünmek
tehlikelidir."

Varlık, var olmak ve üzerine düşünmek

"Bir başkası dolayısıyla var olan her varlık, yalnız kaldığı zaman ortadan kalkar ya da yokluğa düşer çünkü onun varlığı bir başkasından gelmektedir. Varlığı bir başkasına bağlı olmayan varlığa Zorunlu Varlık denir."

İşte felsefenin en temel konusuna ilişkin İbni Sina'nın yorumu budur... Varlık, var olmak, Zorunlu Varlık ve Mümkün Varlık ayrımı, onun felsefesinin temellerini oluşturur.

Pozitif bilimlerde çok ileri düzeye ulaşan, şöhretli bir âlim ve hekim olan İbni Sina, insanlığın temel meseleleri üzerine kafa yormayı ihmal etmiyor, "Nereden geldik, nereye gidiyoruz?" sorusuna farklı şekillerde cevaplar arıyordu.

Şunu belirtmek gerekir ki İbni Sina da diğer Meşşai filozofları gibi İslam inancına sadıktı. Vahyi kabul ediyor, Tanrı'nın varlığı konusunda herhangi bir şüphe duymuyordu. Onun cevabını aradığı daha çok "Nasıl?" sorusuydu. Felsefe kelimesi yerine "hikmet" demeyi tercih eden İbni Sina, akılcı bir çizgi takip ettiği hem Meşşai Felsefesi hem de İslam kültürünü iyi bildiği için akıl yanında dini yorumlar da yaptı. Çeşitli meselelerde akıl veya nakil arasında tercih yapmak yerine ikisini uzlaştırmayı tercih etti. Kuran'ın çizdiği çerçeveye sadık kalarak meselelere açıklama getirdi.

"İnsanın, eşyanın veya bütün var olanların gerçeğine ulaşmak suretiyle yetkin hale gelmesi" olarak gördüğü felsefeyi, Teorik (Nazari) ve Pratik (Ameli) olarak ikiye ayırdı. Teorik Felsefe'nin amacı insanın "bilerek yetkinleşmesi" idi. Pratik Felsefe ise bilinenleri, öğrenilenleri uygulayarak ahlaki bir yetkinliğe ulaşmaktı.

Tanrı ve Varlık konusu, ilk felsefecilerden itibaren tüm insanlığın temel konusu olmuştur. Varlık konusu üzerine kafa yoran İbni Sina da varlığı "Zorunlu Varlık" ve "Mümkün Varlık" ve olarak ikiye ayırdı.

Varlık, doğrudan akılla kavranan bir bilgidir. Zorunlu Varlık olan "Tanrı" dışındaki tüm varlıkların mevcudiyetlerini ifade eden "Mümkün Varlıklar" yanında bir de "Mahiyetler" vardır. Bir şeyin yakın cinsi ile yakın bölümlerinden elde edilen tanım, gerçek tanım; o şeyin şahsi varlığının yetkinliğini yani niceliğini gösterirdi. Bu da onun mahiyeti demekti.

İbni Sina'ya göre Teorik Felsefe, en yüksek bilgileri içerir. Buna "El İlm Ul Âlâ (Yüce Bilgi)" der. Metafiziğin temel konusu da varlıktır. Yukarıda da bahsettiğimiz gibi varlık, kendisi dışında bir şeyle açıklanamaz ve akıl yoluyla anlaşılabilir. Bunu daha iyi somutlaştırabilmek için "boşlukta uçan adam" örneğini vermiştir. Çok bilinen bu örnekte, boşlukta uçan bir adam hiçbir yere temas etmemekte, hiçbir duyu organıyla bir veri algılayamamaktadır. Yani maddeyi tanımlayan bütün boyutlardan bihaberdir. Buna rağmen kendisinin var olduğunu bilir ve "Varım..." der. İşte bu vasıtasız bir şekilde varlığın farkına varmaktır.

İbni Sina'ya göre tanımı yapılamaz olsa da Allah'ın varlığına ilişkin işaretler vardır ve bunlara felsefe ile ulaşılabilir. Mümkün Varlıklar bir sebebe bağlı olarak ortaya çıktıkları için, en nihayetinde bir sebebe bağlı olmadan var olması gereken bir varlığa ulaşılmak zorundadır.

İbni Sina'ya göre varlıkbilim açısından düşünülecek olursa, bir şeyin düşünce halindeki varlığına ait olan her şey, o şeyin gerçek varlığına aittir çünkü her yönden daha az yetkin olan, kendinden daha çok yetkin olanın varlığını hatırlatır. Bu da bir tanrının varlığına delildir çünkü "olmayan bir şey" düşünülemez.

Mümkün Varlık olarak nitelediği tüm varlıkların bir sebebe ihtiyacı olduğu görüşünden yola çıkan İbni Sina, "İmkân ve Sebep Delili" olarak da şu görüşü savunur:

"Mümkün Varlık bir sebebe muhtaçtır. Nihayetinde sebebe muhtaç olmayan bir varlık olmalıdır. Bu da Zorunlu Varlık'tır. Sebep-sonuç ilişkisi içinde evrende bir devridaim imkânsız ve batıldır çünkü bir sonuca varılamaz..."

Yani Tanrı, bütün bu varlıkların başladığı noktadır.

Amaca ilişkin de felsefi yönden Tanrı'nın varlığı üzerine düşünen İbni Sina, bunun için evrendeki düzenliliği delil gösterir ve rasgelelik taşımayan bu yapının gayesiz olamayacağını, yani bu düzeni oluşturan bir Zorunlu Varlık olduğunu söyler. Âlemdeki her şey, bütün eylemler, meydana geliş ve yok oluşlar bir düzen içinde devam eder. Hem semavi varlıklar hem dünyadaki varlıklar düzen içindedir. Tanrı bu iyiliğin sebebidir.

İbni Sina, evrende tesadüfe de yer olmadığının net olarak altını çizer. İbni Sina'dan 9 yüzyıl sonra, yine bir başka dâhi, Albert Einstein da *"Tanrı zar atmaz..."* diyerek aynı noktaya parmak basar.

Şuurlu insan olabilmek için

İbni Sina, görmek isteyenler için evrende görünenden daha fazla şey olduğunu görüyor ve anlatmaya çalışıyordu. Esasında bütün ömrünü de buna harcadı: İnsanların aydınlanmasına...

"Hiç kimse görmek istemeyen biri kadar kör olamaz..." derken, şüphesiz, bilginin almayı isteyene verilebileceğini ifade ediyordu. Yoksa, öğrenmek istemeyen biri ne yapsanız öğrenmez. Duymak istemeyen biri duymaz. Adeta sağırdan daha sağır olur. Aynı şekilde bir insan da bir şeyi görmek istemiyorsa, ne yapsanız görmeyecektir. Bu nedenle bilgi de talep edene verilmelidir. Belki de bunun için o, söyleyeceklerini söyler, sonunda ise metni şu sözlerle bitirir:

"Sözümü söylüyorum ve yüce Allah'tan kendim ve sizin için mağfiret diliyorum. O çokça bağışlayan ve merhamet edendir."

İbni Sina, farklı bir hayat görüşü, farklı bir düşünce yapısı ve farklı bir insan modeli ortaya koymak için uğraştı. Onun için ideal insan, "Zorunlu Varlık"ın yani "Tanrı"nın farkında olan insandı. Bu da yeni bir bilgi değildi. Esasen başta dinler olmak üzere çeşitli düşünce sistemleri ve felsefeciler bunu insanlara söylediler. Ancak insanlar bunun üzerine düşünerek, bilinçli bir şekilde gidemediler. Filozofun görevi ise tam da buydu: İnsanların şuurlu bir şekilde bilgiye ulaşmasını sağlamak. Yoksa, insanların çoğu zaten ahlak ve ibadet kurallarını bilir. İbni Sina'nın da dediği gibidir durum:

"Ham hazlarla uğraşan kimseler, bir oyundan bir oyuna geçen, sıkıldığı an bir başka oyun isteyen çocuk gibidir. Basit hazlar peşindedirler. Ahiret zevklerini tatmin etmesi için Allah'a ibadet ederler. Arif (kavrayışı yüksek olan kimse) ise veliliğin işaretlerini anlamak için yüzünü Allah'a çevirmiştir."

Yani ham hazların peşinde koşan ve en azından zihinsel yapı olarak bir çocuktan daha ileri olamayan insan tipinin beklentisi de yine kendi hazlarına dönük olacaktır. Bu kişiler ibadet yaparken bile kendi zevklerinin ahirette tatmin olması için ibadet ederler. Oysa İbni Sina'nın "arif" diye nitelediği türde anlayışı ve kavrayışı yükselmiş insanlar, Allah sevgisinin işaretlerini bulabilmek, takip edebilmek için uğraşır. Onlarda hedef kendilerine verilecek hazlar değil, gerçek sevginin kaynağına ulaşmaktır. İbni Sina şöyle devam eder:

"İbadet edenler içinde ariflerin ayrı bir yeri vardır. Buna sebep, onların daima Rab'lerine müteveccih olmalarıdır. Öyleyse hikmete, sonra rahmete ve nimete bak; seni hayretler içinde bırakacak bir yakınlık, bir tecelli göreceksin. Kalk, gerekeni yap ve dosdoğru ol."

İbni Sina'ya göre, Allah ile yaratılmışlar arasındaki ilişkileri kavrayabilmek için fizik âlemini kavramak gerekir. Bunun için aritmetik, geometri, mantık, müzik, doğabilimleri, astronomi, psikoloji, fizik gibi yardımcı bilimleri kullanır. Bütün bu bilimler metafizik âlemi kavramak için bir araçtır. İnsan kendisini ve ilişkili olduğu âlemi bilerek, kavrayarak Allah'ı tanıyabilir ve gerçek kulluk şuuruna erer.

Bunu yaparken o evreni doğru şekilde anlasa bile, çevresindekiler onu doğru şekilde anlamayabilir. İnsan ilişkilerinde sıkıntılar yaşayabilir. Kimi zaman komik ya da kötü duruma düşürülmek istenebilir. Hatta hasetlik ya da düşmanlıkla karşılaşabilir. Bu noktada da

İbni Sina'ya göre insan yine yılmadan usanmadan, ancak tartışmak, çatışmaktan da kaçınarak güzel ahlaklı bir şekilde doğru bildiği yolda devam etmelidir. Bu konuda da şunu söyler:

"Avam takımı tarafından reddedilmeyip kabul edilmek için kendini eşek yapma. Çünkü avam takımının işi eşeklikten, hırıltıdan başka olamaz."

İbni Sina'ya göre felsefe, doğru bilgi ve doğru davranışı öğrenerek yetkin insan olma çabasıdır. Filozof gerçek anlamda felsefeden söz edebilmek için metafizik ve ilahiyatı bilmelidir. Gerçek anlamda Zorunlu Varlık yani Tanrı konusunda bilgiye sahip olmayan kişi bilge sayılmaz. Elbette Tanrı'nın hakikati tam olarak bilinemeyeceği için bu olgunlaşma mecazi anlamda düşünülmelidir.

İbni Sina, bilme konusunda da insana rehber niteliğinde bir cümle söyler:

"Bildim ve anladım ki, hiçbir şey bilinmemiş ve hiçbir şey anlaşılmamıştır."

Yani bilmenin bir sonu ve bir sınırı yoktur. İnsan hep öğrenme çabasında olmalı, hiçbir zaman "Tamamdır. Ben oldum..." diye düşünmemeli. "Ben artık biliyorum... Bir noktaya ulaştım..." diye düşünmek, bilginin akışını durdurmak, ilahi akışı da kesmek olacaktır.

İnsan o noktada önce duraklama dönemine girecek, sonrasında gerilemeye başlayacak, sonra bir zaman geçip durumu idrak edebildiğinde ise artık çok geride kalmış olduğunu, bu sırada zamanın da akıp gitmiş olduğunu görecektir. Oysa zaman, akıllı insanlar için çok değerlidir ve iyi kullanıldığında, insan bir ömre birkaç ömürlük deneyim ve zenginlik sığdırabilir. Elbette bu zenginlik maddi bir zenginlikten çok daha kıymetli olan manevi zenginliktir.

İbni Sina, insanın her döneminin ayrı bir güzelliği olduğunu bilir ve bunun takdir edilmesini de ister. Örneğin çocukların erken yaşta çalıştırılmasına karşı çıkıp şöyle demiştir:

"Her yaşın bir hali vardır. Çocukluğun da yakışığı oyundur. Hepsinin hakkı verilmelidir."

Keza yaşlılık konusunda da bir kompleksi yoktur. Yaşlılığın da güzel olduğunu şöyle bir örnekle anlatır:

"İhtiyarlığın rengi benim sakallarımın yanında bir beyaz ihtar alametidir ki bana yolsuz hareketler, kötü işler yapmaya meyan kalmadığını bildirir. Bana, 'Bu akları boya!' diyenler oldu. Ben de bunlara şöyle söyledim: 'Ben bu ihtiyarlığı, bu ak saç ve sakalı diri olarak üzerimde taşımak istemiyorum. Bir de onları siyah boyaların altına gömüp ölü olarak nasıl taşıyayım?' "

Bir başka vesile ile de şöyle söyler:

"Bunlara ihtiyarlık derler. Elbette saça sakala kır düşecektir. İstersen saç ve sakalındaki akları kes, yol. İstersen boya, istersen ört."

Yani ne yaparsa yapsın insan, ömrün de çeşitli aşamaları vardır ve onlar yaşanacaktır. Buna rağmen hangi dönemde olursa olsun insan, hayata karşı "merak" duygusunu kaybetmeyecek, "bilme" çabasından vazgeçmeyecek, "öğrenme" eylemini bırakmayacaktır. Ancak bunu yaparsa kâmil insan olma şansı vardır. Çünkü Tanrı, insana, diğer can verdiklerinden farklı olarak fazladan bir donanım daha vermiş ve onun "iradesiyle" kendisini bulmasını istemiştir. Buna "Cüzi İrade" denilir ve insan aklını kullanırsa, yani öğrenmeyi bırakmaz, öğrendiklerini de kendini geliştirmek için kullanırsa, Tanrı'nın ilahi aşkına mutlaka kavuşacaktır.

İnsanın yaratılış sebebi aşktır

İbni Sina, insanı kemale eriştirecek yöntemi belirlemişti. Bunun için Teorik Felsefe'yi kullanmak gerekiyordu ama nasıl?

İnsan, "Hadi bakalım, ben bugün Teorik Felsefe'ye başlıyorum. Kısmetse kırk güne kadar da ermiş bir insan olarak aydınlanacağım ve içimdeki ilahi sevgiyle tüm evreni kucaklayacağım. Tüm insanlar benim ışığımdan faydalanacak..." şeklinde romantik bir hayal de kurabilir elbette. Ancak çaba olmadan, başarı mümkün değildir. Bunu, en azından İbni Sina'nın yaşamına bakarak görmek mümkün.

İbni Sina, Teorik Felsefe'nin en alt seviyesini oluşturan Tabiat Felsefesi konusu üzerinde kafa yordu ve "Mümkün Varlıklar" olan canlıların kendiliklerinden meydana gelmediğini, akıl yoluyla tespit etti. "Öz (Cevher)" Tabiat Felsefesi'nin önemli bir kavramıydı ve

"Araz (belirtiler)" ise Öz'ün anlaşılması için gerekliydi. Arazlar olmadan Öz'ün ne olduğu anlaşılamazdı.

Bir şeyin var olabilmesi için surete ihtiyacı vardı. Suret, maddeye gerçeklik kazandırıyor, olgunluk veriyordu.

"Oluş", madde ile suretin bir araya gelmesiyle oluyor. Bu da "Faal Akıl" etkisiyle ortaya çıkıyordu. Faal Akıl, evrendeki aklın ifadesiydi.

İbni Sina, Müslüman bir felsefeciydi. Bu nedenle Kuran'da anlatılan "yaratma" eylemine de bu şekilde açıklık getirdi. Yunan Felsefesi'nde "şekilsiz varlıklara suret verme" olarak algılanan yaratmanın, İslam'a göre "yoktan var etme" olduğunu anlattı ve şöyle dedi:

"Tanrı'nın yaratması örneği olmayan bir yaratmadır. Sevgi, düşünme ve bilme şeklinde açığa çıkan bu yaratma, bütün varlıkların Tanrı'nın kendi zatına olan sevgisi, bilgisi ve düşünmesiyle meydana gelmiştir. O, 'Zorunlu Varlık' olduğu için, varlıkların kendisinden meydana gelmesi de zorunludur."

Bu noktada "sudur (doğmak, meydana gelmek, zuhur etmek)" anlayışından faydalanan İbni Sina, Tanrı'dan önce ilk varlığın sudur ettiğini, yani "İlk Akıl"ın ortaya çıktığını, sonra ikinci akıl ve sırasıyla tüm diğer evreni oluşturan gezegenler, yıldızlar, Ay, Dünya ve dünyadaki canlı ve cansız varlıkların ortaya çıktığını yani sudur ettiğini ifade etti.

"Faal Akıl" adını verdiği 10'uncu basamakta dört element (ateş, hava, su, toprak) ve maddi varlıklar, madenler, bitkiler, hayvan ve insanlar ve bunlara ait nefisler meydana geldi ve "oluş" tamamlanmış oldu.

Evrenin yaratılışına ilişkin bu modellemeyi yapan İbni Sina, yaratmanın sebebine ise aşkı (sevgi) koymuştu. Sudurda bilgi olduğu kadar aşk da vardı. Zorunlu Varlık'ın sevgisiyle diğer canlılar yaratılmıştı, canlı cansız evrendeki tüm canlılar bu aşkı (sevgiyi) bünyelerinde taşıyordu.

"Hiç kimse
görmek istemeyen
biri kadar
kör olamaz."

Big Bang'in temelindeki aşk

Âlem bir noktada başlamış, başlangıcın sebebini de aşk oluşturmuştur. Nitekim, pozitif bilimler tarafından ortaya atılan "Büyük Patlama (Big Bang) Teorisi" de İbni Sina ile benzer bir görüşün ifadesi olarak, sonraki dönemlerde ortaya çıktı. Tamamen aynı olmamakla birlikte, 1920 yılında bilim insanları Alexander Friedmann ve Georges Lemaitre tarafından ortaya atılan teori, "evrenin bir başlangıç noktası olduğunu ve yaklaşık 13,8 milyar yıl önce aşırı yoğun bir noktadan genişleyerek bu hale geldiğini" savundu.

1929 yılında Edwin Hubble'ın, dev bir teleskopla yıldızlar ve gezegenlerin Dünya'dan ve birbirinden uzaklaştığını keşfetti. Evren genişliyordu! Yapılan hesaplamalara göre bütün bu genişleme, "sıfır hacme sahip" tek bir noktadan başlamış olmalıydı.

Büyük Patlama'dan geriye kalması gereken kozmik radyasyonla ilgili kalıntıları ise 1965 yılında Arno Penzias ve Robert Wilson keşfetti. "Kozmik Fon Radyasyonu" adı verilen bu radyasyon, uzayın her yönünden geliyordu ve belirli bir kaynağı yoktu. Evrenin tümüne dağılmıştı. Evrenin her yerine eşit ölçüde dağılan bu radyasyon "Büyük Patlama"nın kalıntısıydı. 1989 yılında uzaya gönderilen COBE uydusuyla da Penzias-Wilson ölçümleri tekrar doğrulandı.

Özetlemek gerekirse, bilimsel keşifler, İbni Sina'nın da savunduğu gibi, âlemin bir başlangıcı olduğunu ortaya koyuyordu.

Demek ki insanın varoluşunda bir iyilik vardı, aynen tüm evrenin varoluşundaki gibi...

İbni Sina, bunu tespit ettikten sonra, insanın yeniden aynı iyilik çizgisine gelmesi için de yine felsefeyi kullanmasını önerir. Ancak bu adım adım olacak, bunun için önce doğabilimleri ve mantık kullanılacaktır. İnsan, kendisinde bulunan ve yaratılıştan getirdiği donanımı kullanacak, öğrenecek, akıl yürütecek, içselleştirecektir.

Bunun için elinde araçları vardır. En başta gelen araç da mantıktır. Büyük Üstat, mantığı şöyle tanımlar:

"Mantık, insana, zihninde kazanılmış bilgilerden kazanılacak bilgilere geçme işlemlerini, bu bilgilerin özelliklerini, bu geçiş işlemlerini düzgün veya düzgün

olmayarak meydana getiren sıralama ve yapıların sınıflarını ve bunların sayısını öğreten bir bilimdir."

Zihinde kazanılmış bilgilerden, kazanılacak bilgilere geçmek ve bu bilgileri işleyip sınıflayabilmek için mantığa ihtiyacımız olduğunu ifade eden İbni Sina, bu disiplini adeta bir "alet" gibi görür. Ruhbilimden doğan mantık, düşüncenin kararlarını bulmak, bunlar arasında bağlantı kurmak ve doğru düşünmek için insana gereklidir.

Hedefi, insanı yanlıştan koruyan sonuçlara götürmektir.

Şöyle der:

"Bildiklerimiz de bilmediklerimize karşılıktır. O halde bildiklerimiz gibi bilmediklerimiz de ya bir kısım tasavvurlar ya da bir kısım taktiklerdir. Öyleyse bilmediklerimize ulaşmak konusunda bizim araştırmalarımız ya tasavvurları ya da tasdikleri elde etmeye müteveccihtir çünkü önceden sahip olduğumuz açık ve seçik birtakım bilgiler dışında her tasavvur ve her tasdik, ancak bir araştırma bir çaba sonucu kazanılır. Şüphesiz bu gelişigüzel bir çaba değildir. Aksine, bunların bilgisine, mantığın ortaya koyduğu prensipler dahilinde birtakım zihni faaliyetlerle ulaşılır. Zira bilinenden bilinmeyene intikal hem belirli bir malzemeyi hem de belli bir formu gerekli kılar. Esasen mantığı gayesi de elde edilmek istenen bilgiye hatasızca ulaşmanın yollarını göstermektir."

Mantıktan beklentisini ise şöyle anlatır:

"Mantıktan istenen, göz önüne alındığında düşünmesinde insanı şaşırmaktan koruyacak kurallara ilişkin bir aracın bulunmasıdır. Düşünme ile burada, insanın zihnindeki hazır bilgilerden, hazır olmayan bilgilere kararlılıkla geçmek isteme durumunu kastediyorum. Bu bilgiler bir kavram veya bir yargı olabilir. Yargılar ise kesin doğru, büyük olasılıkla doğru, bizim ve başkalarının doğru saydığı yargılardır."

Eğer, Evren'in başlangıcındaki aşka ulaşmak istiyorsa insan, mantık onun doğru şekilde düşünmesi için önemli bir araçtır.

"Galiba yok bana
dar gelmeyecek
bir belde.
Değerim çok;
alacak müşteri
bilmem nerde?"

Ruh ve bilgi ilişkisi

Bu noktada, ruh konusuna dönüş yapmakta ve İbni Sina'ya göre ne anlama geldiğini hatırlamakta yarar var.

İbni Sina, ruh yerine kimi zaman nefis kelimesini de kullanır. Ona göre ruh, insana ulvi âlemden gönderilmiştir. Bedeni harekete geçiren ruhtur. İbni Sina'ya göre ruh, bedenden önce değil, bedenle birlikte var olur. Bedene şahsiyet ve kişisellik kazandırır. Cansız madde, ruhla birleşince canlı haline gelir. Ruh, fizik âlemle metafizik âlem arasında bir köprü vazifesi görmektedir.

İnsan da beden ve ruhtan oluşan ikili bir yapıdır. İbni Sina, bu şekilde düalizmin temelini atmıştır. Bitki ve hayvan dahil tüm canlılarda bu ikili yapı vardır. Beden gün gelip yok olsa bile ruh yaşamaya devam eder.

Ruh manevi bir öz olduğu için kendi varlığını aracısız ve semavi varlıkları da düşünce ve sezgi yoluyla algılayabilir. Yani beden duyusal idrak (soyutlama yaparak bilme) ile algılarken ve cismani organlarla bu idraki yaparken, madde ve suret ayrımı yapamazken, ruh, "akli idrak" kullanarak algılar.

İbni Sina ruhla ilgili şöyle der:

"İnsanın ruhu kandil, ilim onun aydınlığı ve ilahi hikmet de ondaki zeytinyağı gibidir. İnsan, ruhunun ışık saçmasını istiyorsa, onu bilgiyle beslemelidir."

Burada kandilin yağı olarak da ilahi bilgiyi gösterir çünkü insan niyet eder ve çalışırsa, ilahi bilgiye ulaşması kaçınılmazdır. Sonra da ekler:

"Ruhun yüzünü kendisinin mensup olduğu kutsi âleme çevir. İşte burada ölüyorken, ruhunun ebedi yaşaması bu suretle olur."

Basitçe ifade edilecek olursa, evrende kutsal, ulvi bir bilgi yığını var ve insanın da oraya ulaşması mümkün. Çünkü aşk sonucu yaratılan diğer canlılar gibi insan da asıl kaynağa ulaşmayı yine aşkla istiyor ve bunun için vasıtalar arıyor. İşte bu vasıta, bilgiyle ruhu beslemek ve bunun için doğabilimleri ve mantık gibi aletleri kullanmaktır. Bunun sonucunda insan ilahi bilgiden feyiz almaya başlayacak, aydınlanacaktır.

Sezgi anahtardır

İbni Sina'ya göre insan bir noktaya kadar bedenin imkânlarını kullanarak bilgiye ulaşabilir. Ancak bu yeterli olmaz. Hem beş duyu hem de iç duyuların yetersiz kaldığı bir nokta vardır ki bu noktada asıl ulvi bilgiler insana ulaşmaya başlayacaktır. İşte tam da bu noktada "sezgiyi" çok önemser ve *"Kavrama iki yolla olur: sezgi ve öğrenme..."* der. Sonra da önemini şöyle açıklar:

"Feraset ilmi (sezgi) faydaları peşin olan ilimlerden biridir. Herkesin saklamakta olduğu içyüzünü bu ilim hemen meydana çıkarır. Bu ilme bakarak herkese karşı nasıl hareket edeceğini ve nasıl vaziyet alacağını tayin eder ve ona göre icap ederse o adama yaklaşır ve icap ederse ondan uzaklaşırsın."

Günümüzde insanların iletişim sorunları yaşaması, ilişkilerde yaşadıkları hayal kırıklıkları, kimi zaman güvenlerini kötüye kullanan insanlar yüzünden girdikleri depresyonlar ve yaşadıkları üzüntüler düşünülecek olursa, İbni Sina'nın farklı bir bilginin kapısını açtığı düşünülebilir.

"Her işte ihtiyatı elden bırakan ve düşünüp taşınmadan bir işe başlayan kimselerin pişman oldukları tabiidir..." diyen İbni Sina, elbette insanın doğabilimlerini ve mantığı kullanmasını şart koşuyordu. Ancak bir noktada ona lazım olan anahtar, İbni Sina'ya göre sezgidir. Bununla hem günlük yaşamında daha az hata yapacak hem de ulvi bilginin ışığına daha kolay erişecektir. İbni Sina, *"Ben yüksek mertebelerin en yükseğine çıkmak isterim. Aşağı bir mertebeye asla razı olmam. Ya istediğim bu yüksek mertebeyi isterim veya ölüm beni yere verir..."* diyecek kadar ulvi bilgiye açtır ve isteklidir. Ancak bu kadar iddialı olmayan insanların bile biraz sezgiye –en azından günlük yaşamlarında daha az istismar edilmeleri adına– ihtiyaç duydukları açıktır.

Elbette hiçbir şey temelsiz olmaz. Sözgelimi bir binanın temeli olmadan, boşlukta durduğunu düşünemeyiz. Ya da ilkokulu bitirememiş birinin üniversite eğitimi alması bize inandırıcı gelmez. Aynı şekilde, sezgi gücünün ortaya çıkması, oluşması için de önce diğer bilginin tamamlanması, hiç olmazsa insanın sağlam bir mantık yapısının olması şarttır. İbni Sina da bunun altını çizer ve insana hep aynı yönü hedef gösterir: *"Gelişin!"*

Duyuları kullanarak kavrama konusunda günümüz insanının bir şüphesi yoktur. Aşağı yukarı, temel eğitimden geçmiş herkes, insanın dışındaki dünyayı ve bedenini duyular yoluyla algılayabileceğini bilir. Sesleri duyar, kokuları alır, tatları anlar, cisimleri görür ve dokunarak varlıklarına ilişkin bir bilgiye erişir. Ancak İbni Sina'nın "Boşlukta Uçan Adam" örneğini hatırlamakta bu noktada fayda var. Hiçbir yere temas etmeden, hiçbir koku, ses, tat almadan ve gözleriniz bağlı bulunduğunuzu düşünün. Yine de var olduğunuzu, bir yerde olduğunuzu bilirsiniz. İşte Şeyh Ül Reis'in kastettiği de aşağı yukarı bu noktadaki bilgidir. Bu bilgiyi de almakla insan kemale erer.

İbni Sina'nın bu konuda bir uyarısı da vardır:

"Gerçekten de helak olanlar, ancak hayvani yetilerden olan vehmin, duyuların çalışmadığı durumlarda, soyut formlar konusunda yanlış hüküm vermesinden dolayı helak olmuşlardır. Maddi aklın çizdiği yollar, insan aklını şaşırtacağından, ona uyanlar şüpheden asla kurtulamaz."

Beden yaşlansa da ruh gelişmeye devam eder

Kimi zaman uyarıcı olan İbni Sina, kimi zaman da müjdeci bir tarzı benimsemiştir. Ona göre zaten insan "övülesi" bir canlıdır ama bunun şuurundaysa... Sözgelimi, hayvanlarda da olan bazı özelliklerin insanda da var olduğunu ancak çok daha güzel kullandığını söyler ve şöyle ifade eder:

"İnsandaki sırf canlılara mahsus nefisten duyma, temayül, birleşme, saldırma ve muharebe gibi bazı işler ortaya çıkar ve yine yalnız başına onda kızgınlıkları oluşur. Ancak ondaki canlılara mahsus nefis, konuşma kuvveti ile yakın bir yerde bulunduğu için parlaklık kazanmış olduğundan, bu işleri daha yüksek ve daha latif bir tarzda yapar. Sonuçta en güzel mizaç ve en sağlam terkip üzere ihsasların tesirini alır ve tesirini aldığı eşya şöyle dursun, diğer canlıların dikkat etmedikleri

şeylere dikkat eder, onlardan tesir alır. İnsan, aynı şekilde tahayyül etme gücüyle ince ve görülmemiş derecede güzel şeylere tasarruf eder. Öyle ki bu tanı safiyetle akla benzer itidal hususunda, kemal ehli ile anlaşmayı tahayyül eder."

İbni Sina, bir düşünür olarak insana önemli bir gerçeği daha müjdelemiştir. O da ruhun ölümsüzlüğü...

Öyle ki ruh, bedenle birlikte var olsa bile beden 40 yaşından itibaren gerilemeye, güçten düşmeye ve yaşlanmaya başlarken, ruh aynı gücü koruyarak gelişmeye devam eder. Ona göre, ruhu yüksek bilgilere ulaştıran da zor sorunlarla uğraşmaktır.

İnsanlardaki akıl, "Eylemsel Akıl" ve "Teorik Akıl" olarak ikiye ayrılır. Eylemsel Akıl bedeni idare ederek, düşünmeye bağlı fiillere yöneltir. Ruhun (nefsin) bu gücü, beden üstünde yönetici olmasını sağlar. Yani insan bedeninin ahlaklı ve nitelikli bir varlık haline gelebilmesi, ancak Eylemsel Akıl'ın bedene hâkim olup yönetmesiyle mümkün olur. Teorik Akıl ise ulvi olana dönüktür ve gücünü oradan alarak insanı metafizik âleme bağlar.

Bu konuda İbni Sina'nın görüşleri şöyledir:

"Bilginin temeli olan idrak (kavrama) bir tür soyutlamadır. Herhangi bir nesnenin suretinin maddesinden ve nicelik, nitelik, yer, durum, zaman, mekân vb. gibi

maddesel ilişkilerinden belirli ölçülerde soyutlanmış olarak kavranmasıdır. Gerek hayvanlarda gerekse insanlarda görme, duyma, dokunma, tatma, koklama duyularıyla meydana gelen soyutlama işlemiyle, iç duyularda (ortak duyu, hayal, hayal gücü ve kuruntu) meydana gelen soyutlama işleminin ölçüleri birbirinden farklıdır. Bu soyutlama işlemi en yüksek derecesine Teorik Akıl'da ulaşır."

İbni Sina, Teorik Akıl'ın bu yönünü dikkate alarak gittikçe gelişen bir akıl sınıflaması da yapmıştır:

Heyulani Akıl: Bilmeyi ve anlamayı sağlayan akıldır. Her insanda vardır ve henüz eyleme geçmemiş düşünce halindeki akıl buradadır.

Özellik Halindeki Akıl: Zorunlu olanları bilebilen akıldır. Belli ilkeler burada kazanılır yani ilk akıl edilirler.

Eylem Halindeki Akıl: Kazanılmış verileri kavrayabilen akıldır. Deney, gözlem, düşünme, sezgi gibi ikinci akıl edilebilir özellikler bu akılla kazanılır.

İstifade Edilmiş (Faydalanılmış/Müstefad) Akıl: Kendisine verilenleri seçen akıldır. İnsan aklı bu aşamada tamamen eylem halindedir ve neredeyse mükemmelliğe ulaşmıştır. Müstefad Akıl seviyesinden itibaren insan yetkinliğe ulaşır ve yüksek gerçekleri kavramaya başlar. İlahi âlemle temasa geçebilir.

Kutsi Akıl: Varlıkların özüne inebilen akıldır. Kutsi Akıl'da doğrudan doğruya Faal Akıl'la bağlantı kurulup bilgi alınır. Bu nedenle sadece peygamberlere özgüdür.

Bilginin oluşmasında duyum ve algıyla elde edilen veriler olmakla birlikte, gerçek bilgi ulvi bilgidir ve sezgiyle elde edilen açık ilkelerden çıkarsama yoluyla oluşur.

Müstefad Akıl seviyesine ulaşan ve ulvi âlemden ışık almaya başlayan akıl, bunu sezgi gücüyle yapar. Bu konuda da İbni Sina şunu söyler:

"Gaibi şeyler ekseriyetle uyku halinde gelir. Tecrübe ve kıyasla bilinir. Aynı hal uyanıkken de vuku bulabilir ancak bu temiz ve tenvir edilmiş nefisler için mümkündür."

Bir başka açıklaması ise şöyledir:

"Nefiste meydana gelen haller, nefsin dış idraklerden uzaklaştığı zaman kendi içdünyasına yönelmesi ve bunda alışkanlık kazanması sonucu meydana gelir. Dış duyumlar azaldığı zaman da nefis mütehayyile kuvvetiyle çalıştırılır ve bu anlarda kutsi âleme yönelir. Gaipten bir şeyler külli bir tarzda ruhta şekillenir; onun tesiri hayal gücüne ulaşır, hayal gücü bu akli temsille münasebeti olan özel bir şekli ortak histe şekillendirir."

"Sana karşı
bir hata eden kimse
özür dileyecek olursa,
onun özrünü
kabulde duraksama
gösterme."

Ahlak insanlar için neden gereklidir?

Bugün "normal" sınırları içinde kabul edilen aşağı yukarı tüm insanların bir ahlak bilinci vardır. Toplumlara göre küçük değişiklikler içermekle birlikte, ahlak konusunda tüm insanlığın yazılı olmayan bir anlaşması var ve buna da herkes uymaya çalışıyor. Mesela hırsızlık yapmak, gürültü yaparak çevreyi rahatsız etmek ya da yalan söylemek neredeyse tüm toplumlarda "ahlakdışı" sayılır.

Ahlak, dinler üstü görülen bir kavramdır. Herhangi bir inanca sahip olmayan insanların dahi ahlak anlayışı bulunur.

İbni Sina'ya göre ahlak ilmi "nefsin iyi ve kötü hallerini" ele alır. Ruhun her türlü kötülükten arındırılarak mutluluğun elde edileceğini savunan İbni Sina, en yüksek haz ve mutluluğun "ruh mutluluğu" olduğunu söyler. Bedeni hazların bu mutluluğun yanında önemsiz kaldığını vurgularken, bilgiye ulaşarak elde edilecek bu mutluluk konusunda Eylemsel Akıl'ın yol göstericiliğine güvenir. Eylemsel Akıl ile iyi ve kötü olanı ayırabilen insan, iyilik ve mutluluk yolunda çaba gösterecek, öfke, şehvet, oburluk gibi olumsuz özelliklerden kurtulacak, en yüksek mutluluklara doğru uzanacaktır. Evrende iyilik vardır. Hem de her zerrede... Çünkü iyiliğin kaynağı ilk olan, yani Tanrı'dır. Ancak kötülüğü de o yaratmıştır çünkü insan, kötüye kıyasla iyinin ne olduğunu anlayabilir.

Din konusunu bağımsız bir ilgi alanı olarak değerlendiren, din ile felsefe arasındaki çelişkileri bağdaştırma yolunda çaba harcayan İbni Sina, bu uzlaştırma çabasında dine biraz daha yakın durdu. Ona göre şeriat (dinin esasları) psikolojik-ahlaki ve siyasi olmak üzere önemli iki rol üstlenir. Yani din, ahlaklı olmak için de bir dayanaktır insanlar için.

Mademki insan yaratılmıştır ve ruhların aradığı aşk, yani bölündükleri parçaya, ana kaynağa ulaşmaktır, o halde ölümsüz olan ruhun iyi ahlakla buna hazırlanması gerekir. İnsana irade veren ve doğruyu bulması için donanım sağlayan Zorunlu Varlık'ı bulmak için insan bilgiyi bulacak, ahlaklı olarak yaşamaya gayret edecek, böylece bedeni ölümlü olsa da ölümsüz olan ruhunu ebedi yaşama hazırlayacaktır. İnsan ne kadar bilgili ve ahlaklı olursa, o kadar doğru işler yapar ve ebedi yaşamda da o kadar huzurlu ve mutlu olur.

Yani ebedi saadete kavuşur...

Çünkü insan öğrendikçe, kendini geliştirdikçe ve bunu içselleştirerek, öğrendiklerinin gereği gibi yaşadıkça, ahlaklı ve bilge bir yaşam sürdükçe olgunlaşacak, sonunda "Müstefad Akıl" düzeyine ulaşacak ve o noktada artık ulvi âlemin ışığı da onun üzerine düşebilecektir.

"Ey âdemoğlu, annen seni ağlayarak doğurmuştur. Halbuki etrafında bulunanlar sevinçlerinden gülüyorlardı. Öldüğün gün senin için onlar ağladıkları zaman sen gülücü ve mesrur olmaya çalış..." derken, anlatmak istediği budur. İnsan, vücutlu ömrünü tamamladığında, mutluluk içinde dünyadan ayrılabilecek düzeye gelmelidir. Hayatının gayesi bu olmalıdır.

Aşk yaratılış sebebidir

İbni Sina, tasavvuf konusuna, insanı kendi sınırlı varlığından çıkarıp sonsuzluğa yücelten aşk (sevgi) açısından bakar. Aşk, "birbirinden ayrılmış olanların birbirini özlemesi" olduğuna göre, tasavvuf da bu özlemin dışavurumudur.

Aşk âlemin yaratılışından itibaren vardır. Yaratılışın sebeplerindendir. Yaratılmış her şeyde, "aşk, âşık ve âşık olunan (maşuk)" olarak sevgi bulunur.

Hareket, aşkın alametlerinden birincisidir. Çıkış noktası Tanrı'dır ve ondan sudur eden her varlıkta onun tecellisi olarak aşktan bir parça bulunur. Bu parçalar sayesinde âlemin düzeni sağlanır. Her parça, bütün olabilmek, kemale ulaşabilmek gayesiyle birbirine âşık olma ve sonucunda birleşmeyi arzulayarak Tanrı'nın muradını yerine getirmeyi amaç edinir.

İnsan, aşk sayesinde sınırlı varlığından kurtularak sonsuzluğa yükselir. Gerçek kaynağı olan Allah'a feyiz ve sudur basamaklarını tırmanarak ulaşabilir ve öz kaynağa döner.

"*İnsan avunur, aldanır. Günler ise durmadan geçer, ilerler...*" der İbni Sina. Zaman durmaksızın akmakta, insanın hiç bitmeyeceğini sandığı kaynak, saniye saniye tükenmektedir. Bunun bilincinde olup aşkı ararken de bu dünyayı sevmek, nefret etmemek gerektiğinin altını çizer. "*Bu dünyadan nefret etmiş ve ondan kurtulmaya can atmakta bulunmuş kimse burada, tuzağa tutulmuş ve harekete mecali kalmamış bir kuşa benzer...*" diyerek, bu arızalı halin bir fotoğrafını çeker. İnsanın, dünyadan nefret ederek, "Ben bir an önce huzur-u ilahiye kavuşmak istiyorum..." diye düşünerek, dünya zamanını heba etmesine karşı çıkar. Bir şeye hazırlanılacaksa ve bir şey arayıp bulunacaksa, onun için verilen bir süre ve imkân vardır. İlahi aşkı bulmak için verilen süre bu dünyada geçecek zaman, verilen imkân da beden ve ruhla dünyadaki ilmi öğrenmek, gelişmektir.

"*Her insanın sevinmeye ve mahzun olmaya kudreti vardır. Fakat insanların bazısı feraha bazısı da yalnız hüzne müsaittir...*" diyerek kimi insanların hüzünlü olmaya yatkın olduğunun altını çizen İbni Sina, ölmeden önce bilince ulaşılması gerektiğini söyler:

"*Mükâfat ne ilimle ne de amelle erişilmesi mümkün olmayana meyledip çabalamaksın, ilk ilahi inayette sonsuza dek kalmaktan ibarettir. Bu ise ancak bilgi alanında mükemmele eriştikten ve pratik alanındaki düşüklüklerden kaçındıktan sonra gerçekleşebilir. Çünkü ruh bu düşüklüklerden kaçınmazsa, bir alışkanlık meydana gelir ve ruh bu alıştığı şeyleri arzular. Onların yokluğuna dayanamaz. Bu sebeple mükâfat ancak hayvani ruha fillerinde ve algılarında, zaruri olanlar hariç, aykırı davrandıktan sonra gerçekleşebilir."*

"İlim ve sanat
takdir edilmedikleri
yerden göç eder."

Yetkinliğe ulaşabilmek için ne yapmalı?

İbni Sina'ya göre insan "eşrefi mevcudat" idi. Yani var olanların en şereflisi. Beden ve ruhtan (nefis) oluşan insanın asıl değeri ruhtan geliyordu.

Oluş ve bozuluş dünyasında, bitkiden başlayarak insana doğru yükselen canlı türleri arasındaki sıralamada, en aşağıda bulunan bitkilerde beslenme, büyüme ve üreme özelliği bulunur.

Hayvanlarda ise bitkilerdekine ek olarak duyularla kavrama ve buna bağlı hareket vardır.

İnsanda, bitki ve hayvanlardaki bulunan özellikler yanında, akılla kavrama, düşünme ve eylemlerin iradeli olması özelliği bulunur. Bu nedenle bir insan "bitkisel, hayvani veya insani" olmak üzere üç ayrı nefse sahip olabilir. Hangisi olacağını seçmek ise kendi elindedir.

İnsan, kendini geliştirdikçe, aklını kullandıkça ve bilgiyi çoğaltarak ahlakını güzelleştirdikçe, aşkla yeniden döneceği Yaradan'ı aramaya devam ettikçe, nefsi de daha fazla "insani" olur. Yoksa hayvani ya da bitkisel bir nefis düzeyinde kalmaya devam eder.

Düşünecek olursanız, kimi zaman buna benzer düşüncelerin günümüzde de dile getirildiğini görürsünüz. Sözgelimi, sadece beslenen, çoğalan ve tüketen insanların bulunduğu bir topluma dönüşüyor olmaktan, hemen herkes şikâyetçi olur. Kimi zaman insanlar tarafından gerçekleştirilen küçük veya büyük kötülükler, tüm insanları ortak şaşkınlığa ve bu konu üzerine düşünmeye sevk eder. Sözgelimi, avcılık gibi bir konuyu "spor" olarak sunup diğer canlıları keyfi olarak öldürmek gibi örnekler, bize "insan olarak canlılar arasındaki düzeyimizi" yeniden hatırlatır. Etrafı kirleten bir fabrika, doğayı kirleten bir parça plastik ya da sokak hayvanlarına keyfi olarak verilen bir zarar, kötü muamele hemen herkeste infiale neden olur ve hep şunu söyleriz:

"Neden binlerce yıllık birikimle, daha gelişmiş bir canlı olmuyoruz?"

İbni Sina, bununla ilgili olarak insanlar için bir yol haritası çizmişti. İnsanın teorik ve pratik yönden yetkinleşmesine ilişkin ortaya koyduğu felsefi model, nefsin bütün güçlerinin uyum içinde çalışması ve insanı iyiye yöneltmesini temel alıyordu.

Canlılığın asgari şartları olan beslenme, büyüme ve üreme konusunda bitki ve hayvanlarla aynı durumda olan insan, hareket ve kavrama gücüyle hayvanlarla eşitlenecek ancak bu da yetmeyecektir. İbni Sina, bugün "5 duyu" olarak bildiğimiz dokunma, tatma, koklama, işitme ve görme yetisini "dış idrak gücü/dış duyular" olarak tanımlar. Ortak duyu, tasarlama (hayal), tahayyül (tefekkür), vehim, öğrenme (hatırlama) yetileri de "iç idrak gücü" veya "iç duyular"dır.

İbni Sina'ya göre iyi-kötü, güzel-çirkin, yararlı-zararlı gibi insan davranışlarını yönlendirici yargıları oluşturan, yine Teorik Akıl'dır. Erdemli davranışlar ortaya koymak suretiyle, insanın Pratik Akıl'la ahlaki yetkinliğe ermesi için bu gücün beden güçlerine egemen kılınması gerekir.

Dış ve iç duyuların sağladığı veriler üzerinde düşünmek, İbni Sina'ya göre bilgiyi istemektir. Pasif olan Teorik Akıl'ı düşünceden eyleme geçiren Faal Akıl'dır. Bu nedenle düşünme, elde edilen verileri Faal Akıl'ın etkisine hazırlamaktan başka bir şey değildir.

İnsan, güneşin ışığından faydalanarak "görmek" istiyorsa, kendisini buna hazırlamalıdır.

Bu konuda şu görüştedir İbni Sina:

"Bedensel mutluluk zaten şeriatta açıklanmıştır. Nefsani her gücün kendisine özgü bir haz ve iyiliği, kendisine özgü bir elem ve kötülüğü olduğu bilinmelidir.

Sözgelimi şehvetin haz ve iyiliği beş duyudan kendisine uygun duyulur bir niteliğin ona ulaşması, öfkenin hazzı zafer, vehmin hazzı ümit, hafıza gücünün hazzı geçmiş olan şeyleri hatırlamaktır. Bu güçlerden her birisinin ezası ise kendisine zıt gelen şeydir. Bütün güçler kendisine uygunluk ve uyumun bilincinde olmanın ona özgü iyilik ve haz olduğunda da bir şekilde ortaktır."

Gerçek mutluluğun nasıl olacağını da anlatır:

"Gerçek mutluluk ancak nefsin pratik tarafını ıslahla tamamlanır. Ahlak, bir düşüncenin öncelenmesi olmaksızın kimi fiillerin nefisten kolaylıkla meydana çıkmasını sağlayan bir özelliktir."

Sonra da devam eder:

"Ahiretteki mutluluk nefsi arındırmakla kazanılır. Nefsi arındırmak, onu mutluluk sebeplerine aykırı bedensel yapıları kazanmaktan uzaklaştırır. Bu arındırma, ahlak ve melekeler (alışkanlıkla edinilmiş özellikler) vasıtasıyla meydana gelir. Ahlak ve melekeler ise nefsi, bedenden ve duyudan yüz çevirtme, ona sürekli kaynağını hatırlatma özelliğindeki fiillerle kazanılır. Nefis, zatına çokça dönerse, artık bedensel hallerden etkilenmez. Ona zatını hatırlatan ve bu konuda kendisine yardım eden şey, fıtri (yapısal) alışkanlığın dışında olup yorucu

ve hatta zorlanmaya daha yakın fiillerdir. Çünkü onlar, bedeni ve hayvani güçleri yorar, bunların sadece rahatı isteme, tembellik, güçlüğe katlanmama, hararetin söndürülmesi ve hayvani hazlar gibi maksatlar uğruna çalışmayı isteyip kendisini eğitmekten kaçınmasını engeller. Bu hareketler sayesinde nefis, istese de istemese de Allah'ı, melekleri ve mutluluk âlemini hatırlamak için çalışmak durumunda kalır. Bu sayede nefiste bedenden ve etkilerinden sıkılma ve bedene hâkim olma melekesi yerleşir. Artık nefis bedenden etkilenmez. Bedensel fiiller nefse gelse ve nefis de her bakımdan bedene yönelip boyun eğse bile, bu fiillerin etkisinin özellik ve yapısı nefiste etkili olmaz."

Son olarak da uyarısını yapar:

"Ey hava-ü hevesle bağlanmış olan nefis, acele et ki bir nefesin himayesindesin."

*"İnsan aklı
ilk basamakta
hiçbir şey bilmeyen,
ama her şeyin
öğretilebileceği
bir çocuğun
aklına benzer."*

Aklını kullanan insan

Bugün akıl dediğimiz şey farklı şekillerde ölçülüyor ve sınıflandırılıyor. Her ne kadar İbni Sina bir akıl sınıflaması yapmış olsa da esasen akıl dediğimiz şey elle tutulur, gözle görülebilir, deneylenebilir ve kontrollü gruplarla karşılaştırılabilir bir şey de değil. Bu nedenle insanlık artık daha çok "zekâ" dediğimiz beceriler üzerine yoğunlaşmış durumda.

Bir eğitim psikoloğu olan Howard Gardner, 1983'te bir tablo oluşturdu ve 7 ayrı tür zekâ tanımladı. Sonradan 8'inci de eklendi. Bunlar basitçe Sözel-Dil Zekâ, Mantıksal Zekâ, Görsel-Mekânsal Zekâ, Bedensel Zekâ, Müzik Zekâ, Kişisel-İçsel Zekâ, Sosyal Zekâ ve Doğa-Varoluşçu Zekâ'dır. Yani bir balık ile bir kuşu ağaca tırmandırıp hangisinin daha zeki olduğuna karar vermiyor artık insanlık çünkü yapı farklı, fiziksel özellikler, alışkanlıklar, davranış kalıpları, öğrenilmiş bilgiler, kendini ifade ediş farklı.

Yine de "akıl" kelimesi, kavram oluşturma ve bunlara göre hüküm verebilme yeteneği olarak insanlığın belleğinde ve günlük yaşamında var olmaya devam ediyor. Kimi durumlarda doğru ile yanlışı ayırabilme, toplumun genel kurallarına uyabilme gibi yetenekler dahi bu kavram içine sokulabiliyor. Elbette psikiyatri açısından, "gerçeklikle ilişkisinin kopması-kopmaması" durumu da var.

Bütün bunlar bir yana, İbni Sina'nın sekiz zekânın sekizinde de epeyce ileri noktada olduğu söylenebilir. Ya da kendi yaptığı sınıflamaya göre, "Müstefad Akıl'" seviyesinde olduğu kuşku götürmez...

Kendisine ilişkin nitelemesi de buna bir ipucu gibidir:

"Kara çamurun tepesinden Zühal'in tepesine kadar cihanın hep müşküllerini hallettim. Her nevi mekruhiyle bağlarından fırlayıp çıktım. Her bağ çözüldü ancak ölüm bağı kaldı."

Yani ölüm hariç hemen her konuda ilmin zirvesine çıkabilmiş, her türlü derde çözüm bulabildiğine inanmıştır. En azından hem hekim hem de felsefe yönüyle de döneminin en ileri noktasında olduğu doğrudur. Belki de bunun için, "insan hayatının değerinin uzunluğuyla değil, genişliğiyle ölçülmesi gerektiğini" söylemiyor mu?

11. yüzyılda her nasılsa 21. yüzyıldaki birçok insandan daha fazla aydınlanmış görünen İbni Sina, yüzlerce eser verirken esasen kendisi için düşünmüyordu. Onun çabası ve çalışmaları da elbette diğer düşünürler gibi, insanlığın kalanına doğru yolu göstermek amaçlıydı.

Evrende bir Yaratıcı, bir Kutsi Akıl vardı ve insan ondan ilham olarak daha ahlaklı, yani daha doğru işler yapabilen ve sonuçta daha mutlu olabilen bir insan olabilirdi. Bunun da gayesi ilk yaratılıştan itibaren var olan ve tüm maddelerin içine yerleşmiş olan sevgiyi (aşkı) tamamına erdirmek, yani ilk kaynakla tekrar buluşabilmekti. Aşk, insanların ve diğer tüm canlıların bütünü aramasından ibaretti. İlk kaynağa ulaşma çabasıydı. Buna kimileri tasavvuf gibi yollarla giderken kimileri de Gazali örneğinde olduğu gibi vahyi temel alan bir düşünce sistemiyle gitmeyi tercih eder. İbni Sina'nın da dahil olduğu Meşşai Filozofları ise bu noktada aklı devreye sokar ve akıl yoluyla da insanın gelişebileceğini, kâmil insan olabileceğini anlatmaya çalışır.

Peki bu nasıl olacaktır?

Elbette tabiat ilimlerinden yola çıkarak... Çünkü doğabilimleri, metafiziğin başıdır, metafiziğe giden merdivenin ilk basamağıdır.

Fizik biliminden başlayarak basamak basamak doğabilimlerini öğrenen insan, bunu yaparken bitkilerdeki ve hayvanlardaki ruh (nefis) ile aynı olan özelliklerine ek olarak sadece insanda bulunan özellikleri de kullanır ve kendini Müstefad Akıl düzeyine çıkarır. Evrende hâkim olan Faal Akıl zaten insanın doğruyu bulmasını ve yetkin hale gelmesini istemekte hatta emretmektedir. İnsan Müstefad Akıl düzeyine ulaştığı zaman idraki gelişmiş, ahlakı güzelleşmiş, yetkinliği artmış olur ve artık aydınlanmaya hazır hale gelir.

Ruh (nefis) bir özdür. Yalındır ve insan bedeniyle birlikte yaratılır ancak beden yaşlılıkla birlikte bozulmaya ve yok olmaya başlasa da ruhun tekâmülü devam eder. Eğer doğru basamaklar çıkılırsa, zaten bedenden sonra da yaşamaya devam edecek olan ruh da ebedi bir mutluluğa erecektir.

İbni Sina, insanın aydınlanmasına engel olan bedeni ve ruhani (nefsi) güçleri aşarak bilginin kaynağıyla temas kurabileceğine inanıyor, inanmakla kalmıyor, bunun yolunu ve yöntemini de gösteriyordu.

"Düşünen
gelişir,
düşünmeyen
geri kalır."

Mutlu olmak için ne yapmalı?

İyi ve kötü, güzel ve çirkin, doğru ve yanlış gibi kavramlar, ilk çağlardan beri felsefecilerin üzerinde kafa yorduğu konulardan. İbni Sina'ya göre üç tür kötülük vardır:

Fiziki kötülük ki bu eksiklikten kaynaklanır.

Psikolojik kötülük ki keder, elem gibi şekillerde kendini gösterir.

Metafizik kötülük ise "günah" olarak tanımlanan şeylerdir.

Kötülük gereksiz değildir. Her şeyden önce kötülük de ilahi yaratımın bir unsurudur ve "iyi" olanı gösterebilmek için kıyas amacıyla var edilmiştir. Kötülüğü bilen insan, iyiliği de bilebilir ve yetkinlik, mutluluk için kıyas yapabilme imkânına kavuşur.

Mutluluk her insanın arzusu ve muhakkak ki az çok tattığı bir durumdur. Türk Dil Kurumu (TDK) Sözlüğü, mutluluğu, "bütün özlemlere eksiksiz ve sürekli olarak ulaşılmaktan duyulan kıvanç durumu, ongunluk, kut, saadet, bahtiyarlık, saadetlilik" olarak tanımlıyor. Göreceli bir kavram olduğu da tartışmasız çünkü kimi insan için belirli bir yaşam düzeyine ulaşmak mutluluk anlamına gelirken kimi insan için sevgili ile birlikte olmak, kimi insan için bir eser yaratmak veya toplumsal bir hedefe ulaşmak mutluluk anlamına gelebilir.

"Bütün varlıklar her halde, herhangi bir kemal ile ilgilidir ve varlığın kemal ile ilgisi, kemali ile birleşmiş ve ona yapışmış bulundukça, tabiatında bulunan bir aşk ve bir temayül iledir..." diyen İbni Sina ise mutluluğu, ruhun temizlendiği, Faal Akıl'a yöneldiği eylem olarak görür. İnsanın tüm hayatını rahat ve güzel geçirmesi ve kâmil insan haline gelmesi mutluluktur. Bunun için "insanın ruhunu temizlemesi ve davranışlarını kontrol etmesi gerektiğini" dile getirir. Allah, insanlara iyi ve kötü arasında bir seçim yapabilmesi için "Cüzi İrade" vermiştir ve iyiyi seçenden de inayetini esirgemez. Yani onu mutluluğa ulaştırır.

İbni Sina, âlemde yaygın ve esas olanın iyilik olduğunun altını her fırsatta çizer. Çünkü âlem Yüce Varlık'tan sudur etmiştir. Kötülük ancak bir ihtiyacın sonucu olarak vardır.

"İyilik kendi zatı ile maşuktur. Eğer böyle olmasaydı, herkes istediği yahut arzu ettiği yahut ilerisinde iyilik tasavvur ettiği bir maksatla bir iş yapıp, zahmete girmezdi. Eğer iyilik, zatı ile maşuk olmasaydı, himmetler bütün aldıkları şekil ve hallerde bilhassa iyiyi tercih etmezdi.

Bunun gibi, iyi de iyiye âşıktır çünkü aşk, gerçeğinde iyi, güzel ve cidden uygun olanı güzel bulup onu istemekten başka bir şey değildir. Bu, ayrılan şeylerden olursa, ayrı olduğu sırada, ona meyletmenin, var olduğu sırada onunla bir olmanın başlangıcıdır. O halde iyinin ister kendine mahsus ister ortaklaşa olsun, iyiyi sevdiği, ona âşık olduğu besbellidir. Aşkın sebebi de ondan yani maşuktan nail olunan veya olunacak olan şeydir. İyilik arttıkça maşukluğa istihkak da çoğalır ve iyiye âşıklık artar."

İbni Sina bu nedenle duyularla elde edilen lezzetlerin gerçek olmadığını, ehli lezzetlerin gerçek lezzetler olduğunu söyler. Tekâmül edenler bu lezzetlere ulaşarak mutluluğu bulacaktır.

Ahlaklı insan, içinde doğup büyüdüğü toplumun ahlak kurallarını içselleştirdikten sonra tecrübesini artırır ve ahlak ilkeleri üzerine düşünmeye ve bilinçli bir şekilde onları hayatında uygulamaya başlar. Bunu yapabilenler dünya ve ahiret hayatında mutluluğa ulaşır. Bu noktada din eğitimi de önemlidir çünkü din, güzel ahlakı öğütler, ona yönlendirir. Gerçek dünya olan ahiret yaşamında da mutlu olmak için güzel ahlak şarttır.

"Şifasız hastalık
yoktur irade
eksikliğinden başka.
Değersiz bitki yoktur,
tanınmamasından
başka."

İbni Sina felsefesinin etkileri

İslam dünyasında Fahrettin-i Razi, Nasreddin-i Tusi, Gazali, İbni Rüşd gibi filozofları etkileyen İbni Sina, İslâm Felsefesi içerisinde hem Meşşai Felsefe-si'nin bir üyesi hem de kendi başına bir ekol olarak kabul edilebilir. Öğrencileri Behmenyar, İbni Zeyle, Ebu Abdullah Masumi bu ekolü devam ettirdiler. Hayatını kaleme alan ve tanıştıkları günden itibaren yanından ayrılmayan El Cüzcani de bu ekoldendir.

İbni Sina felsefesi, Batı medeniyeti üzerinde derin etkiler bıraktı. Ortaçağda başlayan etkileri, Aristo'dan daha önce tanınmış ve tercümelerle yayılmıştı.

Avrupa'nın güneyinde sekiz yüzyıl devam eden Endülüs uygarlığı, kıta açısından gerçek anlamda bir hazineydi. Burada oluşturulan bilim ve kültür merkezleri ve devasa kütüphaneler, Avrupa'nın geri kalanından çok ileri bir noktadaydı. İbni Sina'ya ilişkin ilk tercümelerin de bu etkiyle Avrupa'da yapılmaya başlandığı biliniyor. 1130'lu yıllardan itibaren İspanya'da başlayan tercümeler yoluyla Avrupa, İbni Sina'nın felsefe yönünü tanımaya başladı.

Sonrasında Kilise, o dönemde âdet olduğu üzere yasaklama yoluna gitti ve İbni Sina'nın okunması yasaklandı. Teolog ve filozof Alexandre de Hales, Fransisken rahip Jean de la Rochella ve İtalyan filozof Bonaventura, bilgi anlayışında İbni Sina'dan etkilendiler.

Alman filozof Albertus Magnus ve İngiliz filozof Roger Bacon, İbni Sina'dan hareketle St. Augustinus ve Aristo'nun görüşlerini uzlaştırmaya çalıştılar. Sicilyalı filozof St. Thomas Aquinas, İbni Sina'ya uyarak skolastik felsefede öz (cevher) ile varlığı ilk defa ayırdı.

İbni Sina'nın *El Kitab Üş Şifa* eseri temelinde İbni Sinacılık (Avicennism) akımı ortaya çıktı. Sonrasında İbni Rüşd (Averroes) gibi ardıllarının da etkisiyle, ortaçağdan Rönesans'a kadar uzanan etkiler görüldü.

Dante'nin 14. yüzyılda yazdığı *İlahi Komedya* eserinde yer verilen karakterlerden biri İbni Sina'dır. Bir başka dâhi Leonardo Da Vinci'nin çizimlerinde yer alan kimi araçlar da yine İbni Sina tarafından daha önce çizilmiş, kimileri hayata geçirilmiş aletlerdir. Da Vinci'nin kimi yerlerde Arapça ifadeler de kullanmış olması, İbni Sina'dan etkilendiğini ortaya koyar. Fransız filozof Rene Descartes'ın "Uçan Adam (L'homme

Volant)" ve "düalizm" gibi çalışmaları da yine İbni Sina etkisi olarak kabul edilir.

Türkiye özelinde de ne yazık ki İbni Sina gibi bir dehanın yeterince anlaşıldığı söylenemez. İbni Sina'ya atfedilen değer daha çok "Türk olup olmadığı tartışmaları" ve "büyük bir hekim" olması ötesine pek geçemedi. 11. yüzyıldan günümüze kadar uzanan bu dehanın Avrupa'da defalarca baskısı yapılan kitaplarından *El Kanun Fit Tıp* eseri, Atatürk Kültür Merkezi Başkanlığı tarafından 6 cilt halinde 2017 yılında yayımlandı. Böylece ilk kez orijinal metinden çeviriyle kültür dünyamıza kazandırılmış oldu. 18. yüzyılda, Osmanlı Padişahı III. Mustafa'nın emriyle, Tokatlı Mustafa tarafından özetlenerek *Tül Mathun* adıyla Türkçeye çevrilen kitapta orijinal metinden uzak bir dil ve birçok hata bulunduğu da bu şekilde fark edilebildi.

El Kitab Üş Şifa ise çeşitli bölümleri ayrı ayrı kitap halinde, halen ara ara basılmaya ve yayımlanmaya devam ediyor.

Çağdaşlarının "Şeyh Ül Reis" dediği İbni Sina, matematik, astronomi, fizik, kimya, jeoloji, felsefe, dil, edebiyat, müzik ve elbette felsefe alanında çok önemli bir isimdi. Türkiye ve genelde tüm Doğu toplumlarında İbni Sina'nın uzun bir aradan sonra yeniden keşfedildiği bir gerçektir. Bugün üzerinde daha çok durulan, eserler kaleme alınan ve araştırılan bir isim olması, en azından gelecek adına umut vericidir.

Türkiye'de İbni Sina anısına kurulan hastane, fakülte ve ortaöğretim kurumları vardır.

İbni Sina'nın şu sözü ise bütün tevazuuyla ışık tutmaya devam edeceğinin işareti gibidir:

"Bildim ve anladım ki hiçbir şey bilinmemiş ve hiçbir şey anlaşılmamıştır."

Düşünen gelişir, düşünmeyen geri kalır

İbni Sina, yaşarken çektiği zorlukları, *"Bana haset eden kimseleri bir tarafa attım, adlarını anmadım. Onların ise bütün ömürleri bana haset ile geçti..."* sözleriyle anlatır ve ulaştığı noktayı da *"Dünyanın haracını kendisi alan padişah benden daha bahtiyar ve hiçbir bey benden daha mesut değildir. Fakat siz bu zevki bilmezsiniz. Dünya hırsı peşinde olanların gözleri bunu seçemez..."* ifadesiyle dile getirir.

Kuşkusuz ki bir dâhi olarak İslam dünyasında doğmayıp Avrupa'da doğmuş olsaydı, muhtemelen aynı sonuçlara ulaşamayacak, aynı şekilde eserler veremeyecek, belki de çok kısa zamanda kaybolup gidecekti. Bunu bilmek imkânsız olsa da tahmin etmek kolay çünkü insanların bireysel olarak çalışmalarını doğru şekilde yapabilmeleri için, bulundukları toplumun da imkân vermesi gerekiyor.

İbni Sina'nın içine doğduğu İslam dünyası ise o dönemde başta felsefe olmak üzere birçok alanda altın çağını yaşıyordu. İslam toplumunda İbni Sina öncesinden başlayarak hâkim olan görüşler içinde nispeten daha rasyonalist olan mezhepler de vardı. Bergamalı Galenos ve İstanköylü Hipokrat gibi büyük hekimler biliniyor, Grek, Hint, Pers kültürüne ait eski ve yeni eserler Arapçaya çevriliyor, bir yandan Ortadoğu ile Orta Asya kökenli devletler arasında egemenlik mücadeleleri verilirken, diğer yandan bilim insanları, sanatçılar, filozoflara büyük kıymet veriliyor, destekleniyor, el üstünde tutuluyordu.

Aynı dönemde Avrupa'da Hz. İsa'nın iyileştirici gücü nedeniyle şifa dağıtmayı bile tekeline alan Kilise, birçok gelişmenin önünde engeldi. Tıbbın gelişmesine dahi izin verilmeyen toplumlarda, felsefenin gelişimi için de İslam filozoflarının eserlerinin çevirileri beklenecekti... Bu da kolay değildi çünkü Haçlı Seferleri gibi organizasyonlarla hükümranlığını diri tutmaya çalışan Kilise, çoğunlukla Müslüman âlimlerin kitaplarına yasaklar getiriyordu. İbni Sina'nın şansı, o dönemde yaşayan Müslümanların böyle bir takıntısı, önyargısı olmamasıydı.

Sonraki yüzyıllarda Avrupa'da, başta İbni Sina olmak üzere büyük düşünürlerin eserlerinin, nispeten Kilise'nin etkisinden uzak bölgelerde ve üniversitelerde Avrupa dillerine çevrilmesi ve okunup tartışılmaya başlanmasıyla birlikte durum da değişti.

Beklendiği gibi de oldu... Müslüman bilim insanları ve düşünürleri tanıyıp eserlerini okuyan, tartışan, açıklayan ve geliştiren Avrupa, onlar sayesinde Grek, Helen ve Mısır gibi uygarlıkları yeniden keşfedebildi, zamanla Rönesans ve Aydınlanma Çağı'na kadar ulaşan süreci başlatabildi.

Doğu'da ise ne yazık ki bunun tersine gelişmeler yaşandı. İnsanlığı ve dünyayı aydınlatan isimler, zaman içinde unutulmaya yüz tuttular ya da hak ettikleri değer verilmedi.

İbni Sina, hekim yönü nedeniyle şanslıydı. Onun en azından bu yönüyle eserleri korunmuş, kendisi ve açtığı yol bilinmeye devam edilmiştir. Yine de düşünen, araştıran, öğrenen Avrupa ve genelde Batı Medeniyeti gelişirken, Doğu Medeniyeti geri kalmaya başladı. "Işığın doğduğu yer", ne yazık ki gelişmenin dinamiğini kaybetti ve tarih bir kere daha "düşünenin, kafa yoranın, bilgiye ve öğrenmeye açık olanın gelişeceğini, düşünmeyenin, akılcı davranmayanın geri kalacağını" gösterdi.

Esasen, İbni Sina'nın insanlar için çizdiği mutluluk yolu, yani temel doğabilimlerini öğrenerek, ahlak kurallarını içselleştirerek gelişmek ve bitkisel-hayvani ruhun üstüne çıkıp "Faal Akıl"ın ışığını almaya hazır hale gelmek ve bu yolla dünyada olduğu gibi, ebedi ahiret hayatında da mutluluğu bulmak, toplumlar için de geçerliydi. Ancak Avrupa toplumları bundan daha fazla faydalanırken, Doğu toplumları bu şansı kaybetti.

Büyük düşünür İbni Sina, yine tevazu ile noktalıyor konuyu:

"Akıl bu çölde çok koştu. Bir kılı bilemedi. Halbuki gönlümde bin güneş parladı. Nihayet bir zerrenin kemaline yol bulamadı."

*"Her kalbi
kuvvetli olan
çok sevinen
olmadığı gibi,
her çok
sevinçlinin de
kalbi kuvvetli
değildir."*

Tıpta İbni Sina

İnsanın nabız atışına bakarak üç yüz çeşit hastalığı teşhis edebildiği ve yirmi iki ayrı nabız tanımı yaptığı gibi abartılı yorumlar olsa da çağları aşan bir hekim olduğu kuşku götürmeyen İbni Sina, tarihteki Hipokrat ve Galenos gibi büyük hekimlerle kıyaslanır ve çoğu zaman onlardan daha ileri düzeyde kabul edilir. Küçük yaşlarda başladığı tıp eğitimini hayatı boyunca sürdüren hem şöhretli ve çok yetkin bir hekim olan hem de bir tıp öğrencisi gibi araştırmayı ve öğrenmeyi ihmal etmeyen İbni Sina'nın, tıp literatüründe, kendi dönemi için bilinebilecek her şeyi bildiği bir gerçektir. Bu gerçek bir yana, o dönemde mikroskop ve benzeri cihazlar olmadığı için görülemeyen mikropların varlığını da anlamış, "kurtçuk" dediği gözle görülmeyen bu canlıların, temas ve hava yoluyla hastalıkları bir kişiden bir başka kişiye taşıyabildiğini söylemiştir. Sözgelimi çiçek, cüzam, veba gibi hastalıklar temas ya da ortak yeme içme gibi şekillerde, bu kurtçuklar aracılığıyla kişiden kişiye taşınmaktadır.

Pis ve havasız ortamların hastalığa nasıl davetiye çıkardığını detaylı anlatmış, veba gibi hastalıkların önce fareler gibi hayvanlarda görüldüğünü sonra insanlara yayıldığını tespit etmiş hatta hangi rüzgârın hangi hastalığın taşınmasına, oluşmasına katkı sağladığına ilişkin çalışmalar yapmıştı.

Tümörleri, *"hacmi gittikçe büyüyen ve kökleri civar hücreler içine sokulan bir ur"* olarak tanımlayan İbni Sina, gözün altı bölümden oluştuğunu savunmuş, retinanın görme için gerekli rolünü tespit etmişti. Yüz felci, ülser, sarılık gibi hastalıklar üzerinde çalışan, güç doğumlarda forseps kullanılmasını tavsiye eden büyük hekim, hastalıklar için hazırladığı ilaçlar yanında lavman, buz kesesi, sıcak ve soğuk su banyoları, spor ve kaynak suları da tedavi kapsamına aldı.

Katarakt ameliyatı yapabilen, böbrek ameliyatı gerçekleştiren, idrarı tahlil ederek şeker hastalığı (diyabet) teşhisi yapabilen İbni Sina, küçük kan dolaşımını da 11. yüzyılda tanımlamayı başardı. Ağrılar üzerine çalışmış, yırtıcı, delici, çuvaldız gibi batan, yoran vs. şeklinde on beş ayrı ağrı tanımı yapmıştı.

"Bütün hastalıkların aslı, yenilen ve içilen şeylerdir..." diyerek beslenmenin sağlıkla ilişkisini yüzyıllar öncesinden ortaya koyan İbni Sina, sabahları bir miktar ılık su içilmesini, tatlıdan uzak durulmasını, aşırı yemekten kaçınılmasını önerir. Bir başka önemli

öğüdü de *"karnını tamamen doyurmadan önce yemek yemeyi bırakmaktır"* ki bu aslında tüm Müslümanların iyi bildiği bir tavsiyedir çünkü İslam Peygamberi Hz. Muhammed de *"Sofradan doymadan kalkın..."* demişti. Buna ilişkin insanların bilince ulaşması ise 20. yüzyılı buldu. Mide ile beyin arasında "doyduğunu anlama" açısından 18 dakikalık bir fark olduğu ve insan doyduğunu fark edene kadar fazladan yemeye devam ettiği, bilimsel olarak da ortaya kondu. Oysa çağları aşan deha İbni Sina, bunu 11. yüzyılda, muhtemelen yine bilimsel çalışmalarıyla ortaya çıkararak söylemişti. Sonra da ekliyordu:

"Az ye! Yedikten sonra hazmoluncaya kadar başka bir şey alma! Zira şifa yemeğin hazım olunmasındadır. İnsan sağlığını bozan, yemek üzerine yemek yemektir."

Bebeklerde beslenme için ilk iki yıl anne sütünü öneren, gerekirse sütanne tutulmasını isteyen İbni Sina, şişmanlığın birçok hastalığın nedeni olduğunu o dönemde tespit etmiş, zayıflamak için sebze yemeklerinin çoğunlukta olduğu diyetler hazırlamış, yaşlıların "tuzlu, yağlı, etli yemeklerden uzak durmasını" önermişti. Kronik hastalıklarda vücut direncini artırmak için et, yumurta gibi protein ağırlıklı gıdaları tavsiye eden İbni Sina, anne karnındaki bebeklerin beslenmesi konusu da dahil birçok konuyu araştırıp metotlar geliştirmişti.

Cerrahi tedavinin gelişiminde İbni Sina çok önemlidir. Anatomi üzerine yaptığı çalışmalar yanında, cerrahi tedavilerle ilgili örnekler vermiş, ameliyatlarda kullanılmak üzere bazı aletler tarif etmiştir. Ameliyatta narkoz kullandığı bilinen, "katater" ve urları çıkarmak için bisturi, pens gibi aletler icat eden İbni Sina, daha önceki inanışın aksine ışınların gözden çıkmadığını, göze geldiğini ispat etmiş, *Kalp İlaçları Risalesi* kitabını yazmıştır. Kanıta dayalı tıp çalışmalarını, deneysel tıbbı, klinik testleri, risk faktörünü, belirtilere dayalı hastalık teşhislerini önemseyen ve üzerinde çalışan İbni Sina, ilaç bilimi (farmakoloji) açısından da önemli çalışmalar yaptı.

Hastaları muayene ederken, vücut yapılarına, mizaçlarına, yaşam tarzlarına, beslenme ve diyetlerine, beden hareketlerine ve yaptıkları egzersizlere dikkat ederek teşhis koyardı. Hastanın bütün vücudunu baştan aşağı kontrol ettiği, nabız ve idrarı da incelediği biliniyor.

Vitaminlere ilişkin incelemeler yapan ve kanın taşıyıcı özelliğini keşfeden İbni Sina, içme suyunu arıtmak için filtre geliştiren, sarılık ve şarbon gibi hastalıkların gelişim sürecini açıklayan, ruh ve sinir hastalarını müzikle tedavi etmeyi öneren bir âlimdir.

Bir diğer önemli çalışma alanı da psikiyatri idi. Daha önce psikiyatrik tedavileri daha çok din adamları yürütürken, İbni Sina insanda "ruh" ve "beden" olarak iki cevher bulunduğunu ve her birinin kendine özgü hastalıkları olduğunu dile getirdi.

Aşkı bir hastalık olarak ele alan ve tedavi edilebileceğini savunan İbni Sina, kendisine gösterilen ve yemeden içmeden kesilen bir hasta sayesinde bu keşifte bulunabilmişti. Hastanın nabzını kontrol eden ve bazı isimleri telaffuz ettiğinde nabzın hızlandığını fark eden İbni Sina, önce şehir içindeki mahallenin, sonra o mahalledeki kişilerin isimlerini sıralayarak hastanın kim için karasevdaya tutulduğunu anlayabilmiş ve çare olarak onunla evlendirilmesini önermişti. Bunun mümkün olmaması durumunda ise yine tedavi yolu olarak ihtiyar dedikoducu kadınlara, âşık olunan kişi hakkında olumsuz konuşmalar yaptırılması, yani bugünkü anlayışla söyleyecek olursak, "âşık olunan kişinin değersizleştirilmeye çalışılması", hava değişimi ve soğuk su gibi tedaviler öneriyordu. *Aşk Risalesi* eserini de bu konuda yazmıştı.

İbni Sina'ya göre insanın yaşam yolu dört devreden oluşur. Doğumdan 30 yaşına kadar geçen süreyi gelişme devresi kabul eden İbni Sina, 30 ile 40 arasını duraklama devresi, 40 ile 60 yaş arasını olgunluk ve 60'tan sonrasını da ihtiyarlık olarak tanımlar.

Doğumdan hemen sonra bebeğin tuzlu suyla yıkanmasını, sonraki dönemde günde iki üç kez yıkanmasını, günde iki kez anne sütüyle beslenmesini, beslendikten sonra ninni söyleyerek uyutulmasını öneriyordu. Bugün için tuzun mikropları öldürdüğü, bebeklerde temizliğin önemi, anne sütünün sağlık için, ninnilerin de psikolojileri için ne kadar önemli olduğu biliniyor.

Ancak İbni Sina bunu bin yıl önce de biliyor ve öğrenmek isteyenler için anlatıyor, yazıyordu.

Çocuklara özenle bakılması, saldırganlık, öfke patlaması, korku ve bunalımlarının yatıştırılması gerektiğini belirten İbni Sina, eğitime de bugün Türkiye'de ve dünyanın birçok yerinde olduğu gibi altı yaşında başlanılmasını öneriyordu. Çocukların erken yaşta çalışmaya başlamasına karşı çıkan, bunun olgun yaşta çabucak kudretten düşüreceğini, yani erken yaşlanmaya neden olacağını savunan İbni Sina, yine çağını epeyce aşıyordu. Çocuk işçiliği, bu büyük dâhinin uyarısına rağmen Doğu'da ve özellikle Batı'da, yüzyıllarca daha devam etti. Avrupa'da Endüstri Devrimi'nin de başlamasıyla birlikte, çocuk işçiliği adeta bir sömürü aracı haline geldi ve nice nesiller, sağlıksız koşullarda heba oldular. 1800'lerde en az 1 milyon çocuğun fabrikalarda ya da madenlerde çalıştırıldığı hesap ediliyordu.

İbni Sina, çevresel etkenleri de inceliyor, çalışıyordu. Sağlık için dört mevsimden en iyisi olarak ilkbaharı gösteren İbni Sina, yazın salgın hastalıklar, sonbaharda ise gece-gündüz ısı farkları nedeniyle hastalıkların çoğaldığına dikkat çekerek, özellikle ihtiyarların bu mevsimde dikkatli olmasını önerdi. Ayrıca ihtiyarlar için sağlık açısından en sıkıntılı mevsimin kış olduğunu da söyledi.

Sonraki yüzyıllarda insanlar, solunan havanın ne kadar önemli olduğunu anladı ancak bunu İbni Sina çok önce söylemişti. Havanın saf (temiz) olması gerektiğini, içine yabancı buhar ve dumanlar karışan, kapalı yerde kalan havanın sağlıksız olduğunu anlattı. Hatta onun *"Eğer tozlar ve duman olmasaydı insanlar bin sene yaşardı..."* dediği rivayet edilir.

Suyu gıda olarak görmeyen ancak toprak, hava ve ateşle birlikte, insanı oluşturan 4 elementten biri olduğuna inanan İbni Sina, bunlardan hangisi baskınsa, insan mizacının da ona göre sıcak, soğuk, nemli ve kuru olacağını ifade ediyordu. İnsanı oluşturan 4 elementin dengede olduğu insanların sağlıklı olduğunu vurgulayan İbni Sina, çocuklarda hararet ve nemin, yaşlılarda kuruluğun baskın olduğunu söylüyordu. İnsanların kendi mizacını bilmesi ve ona göre hayatını düzenlemesini öneriyordu.

Aynı miktar suların tartılması durumunda, "en hafif" olanın en saf su olacağını, en temiz suyun taşlardaki kaynaktan çıktığını belirten İbni Sina, etrafında yosunlar, bataklıklar olan suların ise en kirli sular olduğunu tespit etti.

Veba, kızamık, kızıl, çiçek, tüberküloz, menenjit gibi bulaşıcı ve salgın hastalıklara ilişkin epeyce teşhis ve tedavi yöntemi geliştiren İbni Sina hem hastalıkların bulaşma yollarını hem de korunma yollarını anlattı. Bu açıdan, "önleyici tıp" konusunda da belki de ilk olduğunu gösterdi.

İbni Sina'ya göre hekim, hastasını iyileştirmek için sonuna kadar mücadele etmeli, ümit kalmasa bile ümidini kestiğini belli etmemeli, tüm gücüyle çabalamaya devam etmeliydi. Bu açıdan, bugünün hekimlik anlayışına yakındı.

İbni Sina'nın tıp alandaki en önemli eseri *El Kanun Fit Tıp*'tır.

El Kanun Fit Tıp, İbni Sina'nın kendi çalışmaları yanında Çin, Hint ve Mısır'ın geleneksel tıp birikimine ait bilgiler de içeriyordu ve 13. yüzyılda Cremonalı Gerard tarafından Latinceye çevrilmişti. Arapça metni ise 1593 yılında Roma'da basıldı.

Cremonalı Gerard tarafından yapılan çeviri, Batı için tıpta çok hızlı bir gelişme sağladı. İbni Sina'nın başka eserleri de Batı dillerine çevrildi. 17. yüzyıla kadar Fransa, Almanya, İtalya, Hollanda gibi Avrupa ülkelerinde tıp fakültelerinde, hekim yetiştiren okullarda ve üniversitelerde ders kitabı olarak okutuldu. Bu sayede "Avicenna" Avrupa'da da büyük bir şöhrete ulaştı ve Hipokrat ve Galenos gibi büyük hekimlerle birlikte anıldı hatta onlardan daha ileri düzeyde görüldü.

700'den fazla reçetenin bulunduğu *El Kanun Fit Tıp*, Montpellier ve Leuven gibi çağın önemli tıp üniversitelerinde temel kitap oldu. Etkisi öylesine güçlüydü ki doktor olmadan önce adaylar dekan huzurunda yapılan son sınavlarını *El Kanun Fit Tıp* üzerinden verirlerdi. Paris Üniversitesi'nin büyük konferans salonunda İbni Sina ve Er Razi'nin yani iki büyük Müslüman hekimin portresi halen asılıdır.

Öldükten sonra da hekimliği konusunda her zaman övgüler almayı başaran İbni Sina'nın adını taşıyan Ankara Üniversitesi Tıp Fakültesi'ne ait bir hastane ve önünde heykeli bulunmaktadır. Ayrıca Paris Bilimler Akademisi Tıp Fakültesi'nde Hipokrat ile birlikte heykeli bulunur. Buhara Müzesi ve İran'da da heykeli bulunan İbni Sina'nın adını taşıyan İran ve Tacikistan'da üniversiteler var. Hindistan'da "Ortaçağ Tıp Bilimleri İbni Sina Akademisi", Pakistan ve Afganistan'da adını taşıyan tıp fakülteleri bulunuyor. Çeşitli dönemlerde çeşitli ülkelerde "Avicenna" adına madalyonlar, hatıra paralar, pullar bastırıldı. Hekimlik yönünü öne çıkaran eserler yazıldı, filmler yapıldı.

Son Söz

İbni Sina hem kendi çağında hem de sonraki bin yılda kimileri tarafından anlaşıldı kimileri tarafından sert eleştirilere maruz kaldı. Ancak gerçek şu ki İslam Felsefesi'nin Altın Çağ'ı olarak bilinen dönemde, çok önemli işler yaparak insanlara yol gösterdi.

Hem kendi düşünce sistemini hem de esinlendiği filozof ve felsefi akımların düşüncesini tutarlı hale getirmeyi başarabildi. Bu yönüyle sadece Müslüman değil, Hıristiyan filozoflara da örnek teşkil etti. Onun en temel özelliklerinden biri felsefeyi dinle çatıştırmak veya birbirine üstünlük ispat etmek değil, uzlaştırmaya çalışmaktı. Zorunlu Varlık, var olmak için hiçbir şey ihtiyacı olmayan ve aynı zamanda her şeyin kaynağı olan Allah, her şeyi yaratmış ve mükemmel bir sistem kurmuştu. İçinde tesadüfe hiç yer olmayan bu mükemmel sistem içinde yarattığı insana cansız cisimler, bitkiler ve hayvanlardan daha fazla donanım vermiş, cüzi bir irade ile donatarak onun güzel ahlakla ilerlemesini, aklını kullanmasını, düşünmesini, üzerinde düşündüğü güzel ahlakı içselleştirerek tekâmül etmesini ve yine kendisine dönmesini istemişti. Zaten aşk diye bildiğimiz şey de bunun içindi. Allah saf iyilikti ve yaratılmış her şey ona dönüş yolunu arıyordu.

Teoride böyle özetlenebilse de pratikte bunu yapabilmek kolay değildi...

Olağanüstü zekâsını insanüstü gayretiyle birleştiren ve gece gündüz demeden çalışarak 57 yılda yüzlerce eser veren İbni Sina, sonunda amacına ulaştı, "akıl" ile "nakil"i bir şekilde uzlaştırarak, aklını kullanarak da Yüce Varlık'a ulaşma yolunda ilerlenebileceğini ve bunu yaparken de dinden kopmaya gerek olmadığını sistemli bir şekilde ortaya koyabildi.

Allah'ın evrendeki her şeyi görüp bilmesi, insanın sadece ruhuyla mı yoksa bedenle ruhu birlikte mi ahirette dirileceği gibi konularda, Gazali başta olmak üzere sonraki filozofların sert eleştirilerine maruz kalsa da açtığı yol, insanlığın tümü için bir ışık oldu. Zaten insanın aklını kullanmasını, gelişmesini, tekâmül etmesini ve Müstefad Akıl düzeyine ulaştıktan sonra ilahi bir ışıkla aydınlanmasını öneriyor, bunun bu fani bedenlerle ve içindeki ölümsüz ruhla yapılabileceğini savunuyordu.

Evrende var olan doğabilimlerini, matematiği, psikolojiyi, müziği, astronomiyi, tıbbı öğrenmiş, insan ve diğer canlıların anatomisi konusunda geniş bilgiye sahip olmuş, bilgiyi üzerinde düşünerek ve sağlam bir mantık dizgesiyle teorilere dönüştürmüştü.

Tıp konusunda yaptığı çalışmalar nedeniyle insanlık ona büyük bir minnet duyuyor. Oysa felsefe alanında yaptığı çalışmalar belki çok daha fazla katkı sağladı insanlığa.

Onun daha iyi anlaşılması halinde yüzlerce yıl daha insanlığa ışık olacağını görmek zor değildir.

İbni Sina'nın Belli Başlı Eserleri

Kitaplarının tam sayısı konusunda henüz bir tam sayıya ulaşılamamış olan İbni Sina'nın yüzlerce eseri olduğu biliniyor. Bunların içinde en önemlileri hiç kuşkusuz geniş bir felsefe kitabı olan *El Kitap Üş Şifa* ve yüzyıllarca tıp eğitiminde temel kitap olan *El Kanun Fit Tıp*'tır. Büyük dehanın belli başlı bazı kitapları şöyle sıralanabilir:

El Kitab Üş Şifa

El Kanun Fit Tıp

El Kitab Un Necat

El Kitab Ul İşaret Vet Tenbihat

El Lisan Ül Arab

El Aksam Ul Ulum İl Akliyye

Er Risale Fil Hudud

El İsbat Un Nubavve

Er Risale Fil Kader

El Ahlak

El Kitab Fis Siyaset

Er Risale Fil Aşk

Hay Bin Yakzan

El Kitab Ul İnsan

El Ahd

El İşaretu İla İlmil Mantık

El Hidaye

El Makale Fin Nefis

Er Risale Fi İlmil Ahlak

El İşarat Vel Tembihat

Yararlanılan Kaynaklar

Abdülkadir Coşkun, *İbn Sina Felsefesinde Retorik*, Kadem, 2014

Aygün Akyol, "Zorunlu Varlığın Tikellere Dair Bilgisi Üzerine: İbn Sina-Şehristani Merkezli Bir Tartışma", *Hitit Üniversitesi İlahiyat Fakültesi Dergisi*, 2006/2

Ayşe Sıdıka Oktay, "İbni Sina'nın İlim, Felsefe Anlayışı ve Din Felsefe İlişkilerine Yaklaşımı", *SDÜ SBE Dergisi*, Sayı 15, 2012

Ayşegül Demirhan Erdemir, "Türk Tıp Tarihinde Ünlü Türk Hekimi İbni Sina'nın Tıbbi Tedaviler Üzerinde Yorumlamaları", *Türk Dünyası Araştırmaları*, Sayı 232, Ocak-Şubat 2018

Fahrettin Olguner, *Üç Türk-İslam Mütefekkiri İbni Sina-Fahrettin Razi-Nasreddin Tusi Düşüncesinde Varoluş*, Kültür ve Turizm Bakanlığı Yayınları, Ankara, 1985

Fatma Nuriye Kurşunluoğlu, "İbni Sina'da Mead", Yüksek Lisans Tezi, Marmara Üniversitesi SBE, İstanbul, 2006

Hatice Toksöz, "İbn Sina'nın Metafizik Sisteminde İrade ve İnsanın Özgürlüğü Problemi", *Milel ve Nihal* dergisi, Sayı 1, Ocak-Nisan 2012

Hayrani Altıntaş, *İbn Sina Metafiziği*, Ankara Üniversitesi İlahiyat Fakültesi Yayınları, 1992

Hidayet Peker, "İbn Sina'nın Bilimler Sınıflaması", *Uludağ Üniversitesi İlahiyat Fakültesi Dergisi*, Sayı 9, 2000

https://kuran.diyanet.gov.tr

https://tr.wikipedia.org/wiki/İbn-i_Sina

Hüseyin Gazi Topdemir, *İbni Sina Doğu'nun Sönmeyen Yıldızı*, Say Yayınları, İstanbul 2009

Kemal Göz, "İbni Sina Felsefesinde Varlık ve Mahiyet Kavramları", *AİBÜ İlahiyat Fakültesi Dergisi*, Güz 2018, Cilt 6, Sayı 12

Kubilay Kolukırık, "İbni Sina'nın Musikinin Temel Konularına Yaklaşımı ve Onun Musiki Anlayışında Farabi'nin Etkisi", *Cumhuriyet Üniversitesi İlahiyat Fakültesi Dergisi*, 3009, 13/2

Mustafa Kaya, "İbn Sina'nın Metafizik Kuramı", Pamukkale Üniversitesi SBE Yüksek Lisans Tezi, Denizli, 2007

Okan Bölükbaşı, "İbni Sina, Hayatı ve Eserleri, Tıbbın Kitabını Yazdı", *Dil ve Edebiyat* dergisi, Ocak 2010

Ömer Türker, "Metafizik Nedir? İbn Sina'nın *Kitabu'ş-Şifa El-İlahiyyat*'ı Bağlamında Bir Tahlil", *Diyanet İlmi Dergi*, Cilt 50, Sayı 1

Süheyl Üniver, *İbni Sina Hayatı ve Eserleri Hakkında Çalışmalar*, 1955

Sümeyra Altınok, "İbn Sina'nın *Eş-Şifa* Adlı Eserinin Usul El-Hendese Bölümünün İlk Üç Makalesinin Tahkik, Tercüme ve Değerlendirmesi", Yüksek Lisans Tezi, Fatih Sultan Mehmet Vakıf Üniversitesi, İstanbul, 2019

"Uluslararası İbni Türk, Harezmi, Farabi, Beyruni ve İbn Sina Sempozyumu Bildirileri", Atatürk Kültür, Dil ve Tarih Yüksek Kurumu Atatürk Kültür Merkezi Yayını, Sayı 42

Zübeyr Ovacık, "İbni Sina'da İyiliğin ve Kötülüğün Ontolojisi", *Aksaray Üniversitesi İslami İlimler Fakültesi Dergisi*, Cilt 5, Sayı 10, Aralık 2018